Konflikte
im Beruf

Eberhard G. Fehlau

Verlag

Die Deutsche Bibliothek – CIP-Einheitsaufnahme

Fehlau, Eberhard G.:
Konflikte im Beruf / Eberhard G. Fehlau. – Planegg : STS-Verl., 2000
  (STS-TaschenGuides)
  ISBN 3-86027-250-0

ISBN 3-86027-250-0
Bestell-Nr. 00691-0001

© 2000, STS Verlag, ein Unternehmen der Haufe Mediengruppe
Postanschrift: Postfach 13 63, 82142 Planegg
Hausanschrift: Fraunhoferstraße 5, 82152 Planegg
Fon (0 89) 8 95 17-2 00, Fax (0 89) 8 95 17-2 50
E-Mail: online@haufe.de, Internet: http://www.haufe.de,
http://www.taschenguide.de
Lektorat: Dr. Ilonka Kunow, Gisela Fichtl

Satz + Layout: Satzstudio »Süd-West« GmbH, 82166 Gräfelfing
Umschlaggestaltung: Agentur Buttgereit & Heidenreich, 45721 Haltern am See
Cartoons: Baaske Cartoon-Agentur, München: Oswald Huber (2),
Michael Amann
Druck: J. P. Himmer GmbH & Co. KG, 86167 Augsburg

TaschenGuides – alles, was Sie wissen müssen

Für alle, die wenig Zeit haben und erfahren wollen, worauf es ankommt. Für Einsteiger und für Profis, die ihre Kenntnisse rasch auffrischen wollen.

Sie sparen Zeit und können das Wissen effizient umsetzen:

Kompetente Autoren erklären jedes Thema aktuell, leicht verständlich und praxisnah.

In der Gliederung finden Sie die wichtigsten Fragen und Probleme aus der Praxis.

Das übersichtliche Layout ermöglicht es Ihnen sich rasch zu orientieren.

Anleitungen „Schritt für Schritt", Checklisten und hilfreiche Tipps bieten Ihnen das nötige Werkzeug für Ihre Arbeit.

Als Schnelleinstieg die geeignete Arbeitsbasis für Gruppen in Organisationen und Betrieben.

Besuchen Sie uns im Internet: http://www.taschenguide.de

Hier finden Sie Arbeitsmittel zum Downloaden und können Ihre Meinung direkt an die TaschenGuide-Redaktion mailen. Wir freuen uns auf Ihre Anregungen.

Ihr STS Verlag
Fraunhoferstraße 5 – 82152 Planegg
Fon 0 89 / 8 95 17-2 22
Fax 0 89 / 8 95 17-2 90

Inhalt

Vorwort

Jeder kennt sie – keiner will sie haben: Auseinandersetzungen, Meinungsverschiedenheiten, Streitereien. Doch überall dort, wo Menschen zusammenarbeiten, gibt es sie: Konflikte in ihren unterschiedlichen Ausprägungen und Erscheinungsformen. Nicht alle lassen sich lösen; einige aber können verhindert, andere erfolgreich geregelt werden.

Und nicht immer sind Konflikte schädlich – häufig eröffnen sie erst die Möglichkeit zur Veränderung und Weiterentwicklung. Sei es als Beteiligter oder Kollege, Mitarbeiter oder Vorgesetzter – auch Sie werden immer wieder vor der Aufgabe stehen, mit Konflikten umgehen zu müssen.

Wie Sie diese Herausforderung mit mehr Kompetenz meistern können, erfahren Sie in diesem TaschenGuide. Erwarten Sie keine Patentrezepte – aber nutzen Sie die zahlreichen Anregungen und Hinweise. Machen Sie sich fit für ein erfolgreiches Konfliktmanagement!

Eberhard G. Fehlau

Hinweis: Wenn in diesem TaschenGuide nur von Mitarbeitern, Kollegen und Chefs gesprochen wird, geschieht dies nur aus Gründen der besseren Lesbarkeit. Selbstverständlich sind immer auch Mitarbeiterinnen, Kolleginnen und Chefinnen gemeint.

Konflikte erkennen und einschätzen

Herr Huber und Frau Meier können sich nicht riechen. Herr Schwarz ist neidisch auf seine erfolgreiche Kollegin. Im Marketingteam wird gemobbt. Alles mehr oder minder ernste Konflikte – und alle können eskalieren.

Konfliktmanagement lohnt sich

Treffen Menschen mit unterschiedlichen Ansichten und Einstellungen, Erwartungen und Machtpotenzialen, Wertvorstellungen und Zielen aufeinander, so sind Meinungsverschiedenheiten und Missverständnisse kaum zu vermeiden. Konflikte zählen zu den ganz normalen Begleiterscheinungen unseres Zusammenlebens – im Alltag wie im Beruf. Auf Dauer kann ihnen niemand entkommen. Auch Sie nicht!

Für Menschen, die am Arbeitsplatz aufeinander angewiesen sind, gehören Konflikte zum festen Bestandteil des Berufsalltags. Oft sind jedoch nicht Interessenunterschiede und Meinungsverschiedenheiten das eigentliche Problem, sondern die Art und Weise, wie damit umgegangen wird.

Die Fähigkeit, Konflikten selbstbewusst zu begegnen und sie erfolgreich zu regeln, stärkt Ihre Position im Kreis der Kollegen ebenso wie bei Vorgesetzten. Konfliktmanagement wird damit zu einem entscheidenden Erfolgsfaktor Ihrer beruflichen Karriere!

Konflikte sind verschieden

Ob Machtspiele oder Meinungsunterschiede, Reibereien oder Rivalitäten – grundsätzlich lassen sich mehrere Konfliktformen unterscheiden:

- intrapersonale Konflikte,
- interpersonale Konflikte,
- Konflikte in oder zwischen Gruppen.

Intrapersonale Konflikte

Intrapersonale Konflikte spielen sich innerlich ab – man hat mit sich selbst zu kämpfen, weil man eine schwierige Entscheidung treffen soll oder nicht recht weiß, was gerade wirklich wichtig ist. Es können sehr persönliche und auch konfliktträchtige Selbstzweifel und Unsicherheiten entstehen.

Interpersonale Konflikte

Wenn zwei oder mehrere Personen nicht miteinander klarkommen, spricht man von interpersonalen Konflikten. Nicht selten werden innere Konflikte auf andere Personen übertragen und aus einem *intra*personalen wird ein *inter*personaler Konflikt. So z. B. wenn man mit der eigenen Arbeit unzufrieden ist, dafür aber die Kollegen verantwortlich macht.

Konflikte in oder zwischen Gruppen

Bei Auseinandersetzungen in oder zwischen Arbeitsgruppen spielen neben persönlichen Aspekten zumeist auch abteilungs- oder unternehmensspezifische Probleme eine Rolle. Häufig ergeben sich solche *Gruppenkonflikte* aus veränderten Arbeitsbeziehungen: Die Führung wechselt, man soll in andere Büroräume umziehen und hat mit neuen Kollegen zu tun oder es wird im Unternehmen umstrukturiert.

Beispiel

Verkaufsrückgänge zwingen ein mittelständisches Unternehmen zu umfangreichen Sparmaßnahmen. Ein konsequenter Personalabbau wird eingeleitet. Eine Abteilung fühlt sich durch die Umstellung der Arbeitsabläufe besonders benachteiligt. Die Mitarbeiter versuchen, die vermeintliche Besserstellung der anderen Abteilungen durch besonderes Engagement und entsprechenden Einsatz wettzumachen. Zwischen den Abteilungen entsteht eine Rivalität mit hohem Konfliktpotenzial.

Ursachen gibt es genug

Jeder Konflikt ist anders – und doch gibt es gewisse Gemeinsamkeiten, denn in aller Regel ist der zentrale Gegenstand von Konflikten eine Unvereinbarkeit von Bedürfnissen, Motiven, Werten oder Zielen, aber auch von Status, Macht oder Verteilungsverhältnissen.

Wenn Wahrnehmung und Beurteilung auseinander gehen

Ein Azubi bewundert die Schnelligkeit seines Chefs, ein anderer Kollege hält ihn dagegen für viel zu umständlich. – Die gleiche Leistung und doch wird sie völlig verschieden wahrgenommen. Das kann an unterschiedlicher Erfahrung liegen, an verschiedenen Interessen oder auch daran, dass man von einer Sache mehr oder weniger betroffen ist. Wer sich in andere Menschen und Situationen hineinversetzen kann, hat es dabei viel leichter. Wenn es Ihnen gelingt, Ihre eigene Perspektive zu erweitern, so erscheinen mögliche Konfliktfelder unverhofft in einem anderen Licht – und können dadurch an Bedeutung gewinnen oder auch verlieren.

Auf die richtige Sichtweise kommt es an

Um ein Problem richtig einschätzen zu können, bedarf es also einer differenzierten Sichtweise. Dazu brauchen Sie allerdings auch ein breites Spektrum von Informationen. Werden Sachverhalte – weil entsprechendes Fach- und Hintergrundwissen fehlen – lediglich aus einer Perspektive wahrgenommen, kann es leicht zu Fehleinschätzungen kommen.

Eine solch unterschiedliche Wahrnehmung und Einordnung von Problemen führt zu *Beurteilungskonflikten*. Die Kontroverse entwickelt sich, weil bestimmte Sachverhalte verschieden eingeschätzt werden. Da es nie allen Beteiligten möglich ist, sich eine Meinung zum strittigen Thema zu bilden und ein fundiertes Urteil abzugeben, sind Konflikte geradezu vorprogrammiert.

Differenzen bei Motiven und Zielen

Ein Kollege arbeitet jeden Tag bis weit in den Abend und opfert sogar noch seine Wochenenden, während sein Mitarbeiter pünktlich geht und jede Überstunde aufschreibt. Die beiden geraten deswegen immer öfter aneinander. Doch warum unterscheiden sie sich so krass hinsichtlich ihrer Arbeitsleistung voneinander? Ist es einfach nur böser Wille? – In aller Regel entstehen solche Konflikte, weil konkurrierende Motive die Handlungsweise bestimmen.

Obwohl sie aufeinander angewiesen sind, sprechen die Beteiligten nicht offen über die Motive ihrer Handlungen und unterlassen es, ihre Absichten zu koordinieren. Dieser Mangel erklärt solche weit verbreiteten *Zielkonflikte*, bei denen sich Mitarbeiter mit ihren jeweiligen Plänen und Vorstellungen unversöhnlich gegenüberstehen. Ohne ein gewisses Maß an Kompromissfähigkeit sind Konfrontationen und Machtkämpfe unausweichlich.

Beispiel

Geschäftsleitung und Betriebsrat führen eine Auseinandersetzung über den zukünftigen Personalbedarf. Während die Interessenvertretung der Beschäftigten die Einstellung neuer Mitarbeiter für notwendig hält, ist es das erklärte Ziel der Unternehmensseite, weitere Stellen zu streichen. Schwierige Verhandlungen stehen bevor, um bei derart konträren Zielvorstellungen zu einem Kompromiss zu finden.

Unvereinbarkeit verschiedener Rollen

Jeder Mitarbeiter muss an seinem Arbeitsplatz mehreren sozialen Rollen nachkommen; ob als Arbeitskollege oder Projektleiter, Bürokaufmann oder Kundenberater, Betriebssportler oder Personalrat. Der Arbeitsalltag zeigt, dass sich die Anforderungen an derart verschiedene Rollen oft durchkreuzen oder sogar widersprechen. Sind die Erwartungen eines Mitarbeiters an seine eigene Rolle nicht zu erfüllen, so wird dies mit großer Wahrscheinlichkeit zu einem *Rollenkonflikt* führen.

Beispiel

Ein erfolgreicher, durch ständige Notdienste jedoch zeitlich stark beanspruchter Arzt möchte auch seinem Anspruch als engagierter Familienvater gerecht werden. Doch die beiden Rollen lassen sich kaum miteinander vereinbaren, es gelingt ihm nur in Ausnahmefällen.

Führungskräfte sind von solchen Rollenkonflikten sehr oft betroffen. Ihre eigenen Vorgesetzten treten ihnen meist mit ganz anderen Erwartungen gegenüber wie ihre Mitarbeiter. Diesen oft widersprüchlichen Interessen gleichermaßen nachkommen zu müssen, kann leicht zu einem solchen Rollenkonflikt führen. Um sich nicht in den jeweiligen Anforderungen und Aufgaben zu verstricken, müssen Führungskräfte ihre eigenen Interessen deshalb immer wieder hinterfragen und neu bestimmen.

Kampf um Anerkennung und Ressourcen

Die Bedeutung einer Tätigkeit für das Unternehmen drückt sich nicht nur in der Bezahlung aus, sondern auch in den Entscheidungsspielräumen, Verantwortungsbereichen und Zukunftsperspektiven der jeweiligen Mitarbeiter, aber auch in ihrer Ausstattung mit Arbeitsmitteln. Wird die Verteilung materieller und personeller Ressourcen als ungerecht empfunden, kann dies zu Spannungen führen. Auch Anerkennung und Wertschätzung durch Vorgesetzte werden genau registriert. Scheinen diese nicht gerechtfertigt, entstehen nicht selten Intrigen und Machtkämpfe.

Häufig resultiert ein solcher *Verteilungskonflikt* auch aus dem unterschiedlichen Ansehen, das einzelne Mitarbeiter in einer Abteilung genießen, oder aber dem besonderen Stellenwert, der einer Abteilung innerhalb des Unternehmens zukommt. Sind damit nicht nachvollziehbare Privilegien verbunden, schürt dies die allgemeine Unzufriedenheit und fördert das Konfliktpotenzial.

Schwierige zwischenmenschliche Beziehungen

Die sozialen Beziehungen am Arbeitsplatz werden auch dann schwierig, wenn Wertvorstellungen und Bedürfnisse, Einstellungen und Verhaltensweisen von Mitarbeitern nicht zusammenpassen. Verschiedene Persönlichkeiten und ihre Eigenheiten – etwa schüchtern oder vorlaut zu sein – sind nicht selten Anlass für Auseinandersetzungen.

Beispiel

Ein neuer Mitarbeiter beginnt seine Tätigkeit. Schnell übernimmt er die Rolle eines Gesundheitsapostels. Er lässt keine Gelegenheit aus, auf mögliche Gesundheitsrisiken hinzuweisen. Als überzeugter Vegetarier meidet er die Kantine, als militanter Nichtraucher auch manchen Kollegen. Sein Auftreten hinterlässt Spuren. Viele Mitarbeiter fühlen sich angegriffen und kritisiert. Konflikte entstehen und die Suche nach einer Gegenstrategie beginnt.

Ob sich Mitarbeiter „riechen" können und die „Chemie" stimmt, hängt in hohem Maße von ihren Gemeinsamkeiten ab. Wo Eigeninteressen dominieren, sind die Arbeitsbeziehungen in aller Regel stark belastet.

Doch auch Beschäftigte, die eigentlich einer gewissen Rücksichtnahme bedürfen, laufen Gefahr, in den Sog von *Beziehungskonflikten* zu geraten. Betroffen sind vor allem Mitarbeiter in bestimmten Altersgruppen (z. B. Lehrlinge, Mitarbeiter über 50) oder mit gesundheitlichen Einschränkungen (z. B. Behinderte). Auch Alleinerziehende und Ausländer, Beschäftigte mit besonderem politischen Engagement (z. B. Betriebs-/Personalräte) sowie militante Raucher und Nichtraucher müssen damit rechnen, häufiger in Konflikte verwickelt zu werden. Wo immer bestimmte Mitarbeiter(gruppen) benachteiligt oder besser gestellt werden, kommt es rasch zu Beziehungskonflikten. Die Diskussion um eine angemessene Frauenförderung bietet hierfür zahlreiche Beispiele.

Ereignisse, die das Berufsleben verändern

Veränderungen von Alltagsroutinen können die Entwicklung von Konflikten begünstigen. Arbeitsgewohnheiten oder Verhaltensweisen ändern zu müssen, wird von den meisten Menschen als unangenehm empfunden. Ob sie von Entlassung oder Führungswechsel, Versetzung oder Vorruhestand bedroht oder betroffen sind – man hat meist schwer daran zu knabbern und empfindet es als gravierenden Einschnitt in das Arbeitsleben.

Ohne angemessene Möglichkeiten einer Bewältigung können tiefgreifende Veränderungen der Arbeitsbedingungen in eine Lebenskrise münden. Dies trifft besonders dann zu, wenn die erforderlichen Anpassungsleistungen nicht klar definiert sind oder als unattraktiv empfunden werden. Konflikthaftes Verhalten zählt dann zu den oft verzweifelten und nur wenig erfolgreichen Versuchen, mit derartigen Umbruchphasen fertig zu werden.

Beispiel

Die Entscheidung ist gefallen – den Beamten in Bonn trifft sie wie ein Donnerschlag: Der Umzug nach Berlin wird auch seinen Arbeitsplatz betreffen. Tagelang ist er damit beschäftigt sich auszumalen, was auf ihn zukommen wird: Wohnungssuche, Umzugsstress, eine „Spagatbeziehung" mit seiner Partnerin, der Verlust seines Freundeskreises, Einsamkeit … Er hat das Gefühl, sein ganzes Leben wird auf den Kopf gestellt. Angst, Enttäuschung und Wut kommen auf …

Vom Konflikt zum Psychoterror

Werden Konflikte ganz gezielt eingesetzt, um Kollegen zu schaden, spricht man von *Mobbing* (engl.: „über jemanden herfallen"). Meist greift dann eine Gruppe von mehreren Mitarbeitern einen unliebsamen Arbeitskollegen auf unfaire Weise, aber zielgerichtet an. Wird ein solches Verhalten von Vorgesetzten initiiert oder akzeptiert, spricht man von *Bossing*.

Mobbing erfolgt in einer Grauzone zwischen erlaubten und verbotenen Handlungen: Das Opfer wird von seinem Umfeld ignoriert, vor anderen bloßgestellt oder verspottet, systematisch von Informationen abgeschnitten oder in seinen Leistungen negiert. Nicht zuletzt werden Gerüchte in Umlauf gesetzt, um die Persönlichkeit des Opfers und seine Privatsphäre zu verletzen.

Doch Vorsicht: Eine inflationäre Begriffsverwendung in den Massenmedien hat dazu geführt, dass nahezu jedes soziale Problem am Arbeitsplatz mit Mobbing gleichgesetzt wird. Mobbing bezeichnet jedoch eine genau einzugrenzende Form des arbeitsplatzbezogenen Psychoterrors. Nach der Definition der Gesellschaft gegen psychosozialen Stress und Mobbing e. V. versteht man unter Mobbing am Arbeitsplatz eine konfliktbelastete Situation, bei der die betroffene Person von einer oder mehreren anderen Personen

- systematisch,
- mindestens einmal in der Woche,
- und mindestens während eines zusammenhängenden halben Jahres,

- mit dem Ziel und/oder Effekt des Ausschlusses aus dem gemeinsamen Tätigkeitsbereich,
- direkt oder indirekt angegriffen wird.

Inhaltlich wird Mobbing über ein Spektrum von 45 verschiedenen Handlungen definiert, mit denen das Opfer konfrontiert wird. Die folgende Checkliste – nach dem *Leymann Inventory of Psychological Terror* (LIPT) – soll Ihnen dabei helfen, festzustellen, ob Sie an Ihrem Arbeitsplatz von Mobbing betroffen sind.

Checkliste: Mobbing

Waren Sie in den letzten sechs Monaten von einigen der folgenden Handlungen betroffen?	Ja	Nein
1. Sie werden schlecht gemacht und in Ihren sozialen Kontakten behindert		
Ihr Vorgesetzter schränkt Ihre Möglichkeiten ein sich mitzuteilen.	❏	❏
Kollegen und/oder Mitarbeiter schränken Ihre Möglichkeiten ein sich mitzuteilen.	❏	❏
Sie werden ständig unterbrochen.	❏	❏
Man schreit Sie an, schimpft laut mit Ihnen.	❏	❏
Ihre Arbeit wird ständig kritisiert.	❏	❏
Ihr Privatleben wird ständig kritisiert.	❏	❏

	Ja	Nein
Sie werden durch anonyme oder belästigende Anrufe (Telefonterror) unter Druck gesetzt.	❑	❑
Sie erfahren abwertende Blicke und/oder Gesten mit negativem Inhalt.	❑	❑
Man macht Andeutungen, ohne dass Sie direkt angesprochen werden.	❑	❑
2. Sie werden systematisch isoliert		
Man spricht nicht mit Ihnen.	❑	❑
Man will von Ihnen nicht angesprochen werden.	❑	❑
Sie werden an einem Arbeitsplatz eingesetzt, an dem Sie von Kollegen isoliert sind.	❑	❑
Den Kollegen wird verboten mit Ihnen zu sprechen.	❑	❑
Sie werden „wie Luft" behandelt.	❑	❑
3. Ihre Arbeitsaufgaben werden geändert, um Sie zu bestrafen		
Sie werden ständig zu neuen Arbeitsaufgaben eingeteilt.	❑	❑
Sie erhalten Arbeitsaufgaben, die weit unter Ihrem Können und/oder Ihrer Qualifikation liegen.	❑	❑
Sie erhalten Arbeitsaufgaben, die Sie aufgrund fehlender Erfahrung und/oder Qualifikation weit überfordern.	❑	❑

	Ja	Nein
Sie bekommen sinnlose Arbeitsaufgaben zugewiesen.	❑	❑
Sie werden für gesundheitsgefährdende Arbeitsaufgaben eingesetzt.	❑	❑
Sie bekommen keine Arbeitsaufgabe zugewiesen und sind während Ihrer Arbeit ohne Beschäftigung.	❑	❑

4. Sie werden in Ihrem Ansehen herabgewürdigt

	Ja	Nein
Man spricht hinter Ihrem Rücken schlecht über Sie.	❑	❑
Man verbreitet Gerüchte über Sie.	❑	❑
Man macht Sie vor anderen lächerlich.	❑	❑
Man verdächtigt Sie psychisch krank zu sein.	❑	❑
Man imitiert Ihren Gang und/oder Ihre Stimme und/oder Ihre Gesten, um Sie lächerlich zu machen.	❑	❑
Man greift Ihre Herkunft an und macht sich darüber lustig.	❑	❑
Man beurteilt Ihre Arbeit in falscher und/oder kränkender Weise.	❑	❑
Man stellt Ihre Meinung infrage.	❑	❑
Man belästigt Sie in sexueller Weise und/oder macht sexuelle Anspielungen	❑	❑

	Ja	Nein
5. Sie werden bedroht		
Man droht Ihnen mit körperlicher Gewalt.	❏	❏
Jemand verursacht Ihnen Kosten, um Ihnen zu schaden.	❏	❏
Jemand richtet an Ihrem Arbeitsplatz und/oder Zuhause Schaden an.	❏	❏

Sollten Sie von einigen der aufgeführten Handlungen wenigstens einmal in der Woche und über ein halbes Jahr hinweg betroffen sein, dann ist mit großer Wahrscheinlichkeit davon auszugehen, dass Sie es mit Mobbing zu tun haben.

Hat sich dieser Eindruck bestätigt, so nutzen Sie die Möglichkeiten unternehmensinterner und/oder -externer Hilfsangebote. Mit Sicherheit finden Sie professionelle Unterstützung bei einem Arzt, Psychologen oder auch Rechtsanwalt Ihres Vertrauens.

Ein schleichender Prozess

Mobbing kann sich über Monate oder Jahre hinziehen. Es handelt sich nicht um einen einmaligen Konflikt, sondern um einen längerfristigen Prozess. Dieser erfolgt zumeist in fünf Phasen:

1 Der Grund für das Phänomen Mobbing ist in der Regel ein nicht oder nur schlecht bearbeitetes Problem. Ein einfacher Konflikt – wird er nicht gelöst – entwickelt eine eigene Dynamik. Es kommt zu ersten, manchmal wechselnden Angriffen zwischen den Betroffenen. Ein Opfer kristallisiert sich heraus.

2 Die Angriffe konzentrieren sich auf eine Person, werden häufiger und intensiver. Psychoterror entsteht. Beim Opfer kommt es zu Kränkungen und damit zur Abnahme des Bewältigungsvermögens. Das Opfer wird immer mehr – auch für Dritte erkennbar – in seine Rolle verstrickt. Die Situation des Opfers wird zum „Fall" – und damit betriebsöffentlich.

3 Die Entwicklung eskaliert. Rechtsbrüche und Kränkungen nehmen zu. Beim Opfer entsteht Verzweiflung. Es sucht ärztliche oder psychologische Hilfe. Depressionen und Aggressionen wechseln sich ab. Das Opfer fühlt sich nicht mehr akzeptiert und ausgeschlossen.

4 Der Weg zur Ausgrenzung ist beschritten. Das Opfer wird so auffällig, dass sich der Arbeitgeber mit ihm beschäftigt. Während das Opfer verzweifelte Versuche zur Wiederaufrichtung seines Selbstwertgefühls unternimmt, wird die Meinung über seine Auffälligkeit festgeschrieben. Durch Abschieben, Kaltstellen oder Versetzung wird die Beendigung des Arbeitsverhältnisses vorbereitet.

5 Das Opfer verlässt das Unternehmen. In manchen Fällen erhält es eine Abfindung. Versuche, diese Erfahrungen in der Zeit danach zu bewältigen, bleiben zumeist ohne Erfolg. Nicht selten sind Arbeitslosigkeit und das Auseinanderbrechen langjähriger Partnerschaften die Folge.

Konflikte eröffnen auch Chancen

In der Regel werden Konflikte in ihrer destruktiven Bedeutung gesehen. Doch ist es eine Tatsache, dass Differenzen und Meinungsverschiedenheiten durchaus auch Nutzen bringen. Nicht jeder Konflikt muss schädlich sein. Die folgenden Argumente begründen, warum von Konflikten auch wichtige Impulse und positive Entwicklungen ausgehen können:

- Konflikte weisen auf Probleme hin und helfen Missstände aufzudecken.
- Konflikte führen Klärungsprozesse herbei und brechen festgefahrene Strukturen auf.
- Konflikte schärfen das Problembewusstsein von Beteiligten und Betroffenen.
- Konflikte veranlassen Vorgesetzte, die Kommunikation mit ihren Mitarbeitern zu intensivieren.
- Konflikte motivieren Mitarbeiter, ihre Arbeitsinhalte und Berufsperspektiven zu überdenken.
- Konflikte sorgen für Veränderungen und verhindern Stillstand.

Anhand von Beispielen lässt sich zeigen, dass sogar eine Ermutigung zu Auseinandersetzungen – vorausgesetzt sie sind beizulegen – Nutzen bringen kann:

- Differenzen und Kontroversen können die Kreativität der Mitarbeiter anregen. Dies könnte für das Arbeitsklima nützlicher sein, als dauerhaftes Misstrauen und ständige Unzufriedenheit.

- Eine Konfrontation zweier Mitarbeiter kann deutlich machen, warum diese es bislang so schwierig fanden zusammenzuarbeiten. Lassen sich die Spannungen dadurch beseitigen, werden beide in Zukunft wahrscheinlich besser miteinander klarkommen.

- Kontrahenten, die trotz tiefgreifender Meinungsverschiedenheiten gelernt haben fair miteinander umzugehen, können sich zu Höchstleistungen motivieren. Ohne den Respekt voreinander zu verlieren, könnten sie sich demzufolge im Rahmen des Unternehmens wichtige Karrierechancen erarbeiten.

- Reibereien zwischen einzelnen Mitarbeitern können eine Arbeitsgruppe dazu veranlassen, ihre Form der Zusammenarbeit zu hinterfragen und neu auszurichten. Dies wäre ein lohnenswerter Beitrag zur Verbesserung des Zusammengehörigkeitsgefühls.

- Häufige Differenzen zwischen Mitarbeitern können auf Schnittstellenprobleme hinweisen, die gelöst werden müssen. Gelingt dies, könnten weiterreichende Schwierigkeiten für die Zukunft verhindert werden.

Schärfen Sie Ihr Problembewusstsein

Konflikte fallen nicht vom Himmel. Sie deuten sich an. Wenn Sie die entsprechenden Anzeichen erkennen, können Sie sich auf eine mögliche Auseinandersetzung rechtzeitig einstellen oder sie gar vermeiden. Voraussetzung dafür ist jedoch eine besondere Sensibilität im Hinblick auf Stimmungen und Veränderungen am Arbeitsplatz. Ein geschärftes Problembewusstsein wird Ihnen helfen, das Konfliktpotenzial zu sichten und den Konfliktverlauf in seiner Dynamik einzuschätzen. Dabei sollten Sie auch Ihren persönlichen Anteil am Konfliktgeschehen berücksichtigen.

Ob Sie einen Konflikt erkennen, hängt in erster Linie davon ab, wie Sie zwischenmenschliche Probleme wahrnehmen. Häufig führt bereits die Angst, in eine Auseinandersetzung verwickelt zu werden, zu einer selektiven Wahrnehmung. Sie kann der Grund dafür sein, dass ein bereits schwelender Konflikt gar nicht bemerkt oder nur verzögert wahrgenommen wird.

Beispiel

Eine lautstarke Auseinandersetzung sorgt auf dem Betriebsparkplatz für Aufmerksamkeit. Aus Angst, in ein Handgemenge verwickelt zu werden, nehmen manche Zeugen die Situation nur in Ausschnitten wahr: Während die einen vor Schreck „wie gelähmt" sind, sprechen andere im Nachhinein von einem „überschwänglichen Begrüßungsritual".

Was Schubladendenken bewirkt

Um nicht mühsam und zeitraubend eine Vielzahl von Informationen sammeln und bewerten zu müssen, versuchen viele Menschen, soziale Situationen und Verhaltensweisen möglichst einfach zu interpretieren. Dies gilt auch für Konflikte und deren Ursachen.

Menschen, die etwa zum ersten Mal mit einer fremden Person zu tun haben, neigen leicht zum so genannten „Schubladendenken": Ein besonderes Merkmal an dieser Person wird wahrgenommen und einer bestimmten Bedeutung oder Erfahrung zugeordnet – was einerseits den Umgang erleichtert, andererseits aber auch zu Fehleinschätzungen führen kann. Wenn Anständigkeit und Ehrlichkeit ins gleiche Schubfach gehören wie eine gepflegte äußere Erscheinung, dann passen Personen mit ungebügelten Hosen nicht in diese Kategorie – und erscheinen dem „Schubladendenker" als suspekt und unehrlich.

Anzeichen, die Sie ernst nehmen müssen

In der Regel beginnt jeder Konflikt mit einem Problem. Nur selten entstehen Auseinandersetzungen grundlos. Allerdings werden Konflikte nicht immer offen und für alle sichtbar ausgetragen. Häufig handelt es sich um verdeckte und von anderen kaum wahrzunehmende Unstimmigkeiten.

Mit etwas Erfahrung und Sensibilität werden Sie dennoch Anzeichen erkennen, die auf eine sich entwickelnde oder aber bereits bestehende Auseinandersetzung hindeuten. Nehmen Sie deshalb die folgenden Hinweise ernst.

Hohe Fehlzeiten und starke Fluktuation

Wer mit ständigen Auseinandersetzungen leben muss, reagiert häufig mit gesundheitlichen Problemen (z. B. Bluthochdruck, Magenschmerzen, Schlafstörungen). Ständiger Ärger und innere Unruhe, ja sogar Verzweiflung schränken das allgemeine Wohlbefinden beträchtlich ein. Machtkämpfe und Reibereien lassen manchem Mitarbeiter die Krankschreibung auch ohne sachgerechte Diagnose als einzigen Ausweg erscheinen. Nur durch die Abwesenheit vom Arbeitsplatz gelingt es ihnen, sich aus dem Konfliktfeld zu lösen und Ruhe zu finden. Ein hoher Krankenstand ist deshalb sehr oft Ausdruck konfliktreicher Arbeitsbeziehungen.

Auch häufige Zu- und Abgänge von Mitarbeitern spiegeln zumeist ein hohes Maß an Konfliktpotenzial wider. Ein ständiger Wechsel der Kollegen erschwert den Aufbau vertrauensvoller Arbeitsbeziehungen und sorgt für Spannungen. Grundlos werden Mitarbeiter – wenn sie sich wohlfühlen – nicht bereit sein, ihren Arbeitsplatz gegen einen anderen einzutauschen.

■ Sollten Sie Personalverantwortung haben, so analysieren Sie regelmäßig die Fehlzeitenrate Ihrer Abteilung. Reagieren Sie umgehend auf Veränderungen. Wenn ein Mitarbeiter vergleichsweise häufig fehlt, sollten Sie daran denken, dass auch Konfliktsituationen daran Schuld sein könnten. Sprechen Sie mit dem Mitarbeiter. Beziehen Sie bei der Suche nach möglichen Gründen gegebenenfalls auch seine private Lebenssituation mit ein. Wichtig ist dabei jedoch, dass sich der Mitarbeiter nicht unter Druck gesetzt fühlt. ■

„Dienst nach Vorschrift" und „innere Kündigung"

Zeigen Mitarbeiter kein Interesse (mehr) an ihrer Arbeit und lassen das notwendige Engagement vermissen, ist ebenfalls besondere Aufmerksamkeit geboten. Während manche mit „Dienst nach Vorschrift" auf Konfliktsituationen reagieren und pünktlich auf die Minute ihren Arbeitsplatz verlassen, fallen andere durch Disziplinlosigkeit und Streitsucht auf.

■ Bestimmt Gleichgültigkeit den Arbeitsalltag und sind Pannen an der Tagesordnung, sollten Sie klären, was mit Ihren Kollegen los ist. Finden Sie die Gründe heraus, die für Desinteresse und Unzufriedenheit sorgen. Decken Sie mögliche Konfliktquellen auf. Beziehen Sie gegebenenfalls Vertreter des Betriebs-/Personalrats oder der Personalabteilung mit ein. ■

Angst vor Veränderung

Die Art und Weise, wie Führungskräfte und Mitarbeiter aufeinander zugehen und miteinander kommunizieren, wie groß ihre Gemeinsamkeiten sind und ihr Verständnis füreinander,

wie sie ihre Probleme lösen und sich auf Veränderungen einstellen – dies alles spiegelt die Kultur eines Unternehmens
wider.

Wenn Kollegen dabei eher als Konkurrenten gesehen werden
und Vorgesetzte für die Probleme ihrer Mitarbeiter kein Verständnis zeigen, wird die Atmosphäre von Angst und Verunsi-
cherung bestimmt. Dies gilt insbesondere unter dem Druck
notwendiger Veränderungen. In einem Umfeld, in dem Ab-
wehrverhalten und Schuldzuweisungen zur Tagesordnung
gehören, werden neue Herausforderungen als Bestrafung
empfunden und die Mitarbeiter haben Angst, bei Neuerungen
Fehler zu machen oder sich zu blamieren. In einer von gegenseitigem Respekt getragenen Unternehmenskultur dagegen
werden sich die Mitarbeiter gerne engagieren.

Kommunikations- und Orientierungs-
losigkeit

Die Kommunikation zwischen den verschiedenen Arbeitsbe-
reichen und Unternehmensebenen lässt zu wünschen übrig.
Sie erfolgt unkoordiniert und unregelmäßig. Vielen Beschäftigten bleiben deshalb wichtige Hintergründe und Zusammenhänge ihrer Tätigkeit verborgen. Gerüchte machen die
Runde und Büroklatsch gewinnt an Bedeutung – solche Umstände sind Vorboten von Konflikten, die Sie besser schon im
Keim ersticken.

Vorgesetzte mit Führungsschwäche

Einige Vorgesetzte vermitteln den Eindruck, dass sie ihrer Führungsaufgabe nicht gewachsen und mit ihrer Verantwortung überfordert sind. Ihr Büro verlassen sie nur in Ausnahmefällen – sie scheuen den Kontakt zu ihren Mitarbeitern. Probleme werden bagatellisiert und eher ausgesessen als angegangen. Notwendige Entscheidungen treffen sie spontan und oft zu spät. Auf Anregungen und Kritik ihrer Mitarbeiter reagieren sie gereizt.

Cliquenbildung und Machtspiele

Notwendige Informationen werden nicht allen Beschäftigten zugänglich gemacht, sondern zirkulieren nur zwischen Kollegen gegenseitigen Vertrauens. So gewinnen einzelne Mitarbeiter den Eindruck ausgeschlossen zu sein. Es wird eher gegeneinander gearbeitet als miteinander. Versuche, sich auf Kosten der Kollegen zu profilieren, nehmen zu. Um voranzukommen werden die Ellenbogen eingesetzt. Intrigen und Machtkämpfe sind an der Tagesordnung. Der Zusammenhalt zwischen den Mitarbeitern zerfällt – es bilden sich Cliquen und Seilschaften.

Sichten Sie das Konfliktpotenzial

Um entsprechende Warnzeichen richtig interpretieren zu können, benötigen Sie zusätzliche Informationen. Sammeln Sie deshalb alle für den Konflikt relevanten Hinweise, insbesondere zu Ursachen und Hintergründen, den Rahmenbedingungen sowie über die Beteiligten und ihre Interessen.

Eine solche Sichtung des Konfliktpotenzials ist mühsam. Sie verhindert aber, dass Sie sich alleine von Emotionen leiten lassen. Eine gute Vorbereitung und entsprechende Analyse trägt dazu bei, Fehleinschätzungen und Schubladendenken zu vermeiden. So weichen Sie möglichen Fallstricken und Stolpersteinen aus und verschaffen sich für die weitere Auseinandersetzung eine bestmögliche Ausgangsposition.

Das Konflikt-Tagebuch

Mit der Zeit wird es immer schwieriger sich an zurückliegende Streitpunkte zu erinnern. Aufzeichnungen können helfen, diese in Erinnerung zu rufen. Anlässe und Themen, aber auch die Einstellungen und Verhaltensweisen der Beteiligten lassen sich so besser analysieren und in ihrer Systematik erkennen. Legen Sie sich deshalb ein Konflikt-Tagebuch an.

Ein Konflikt-Tagebuch sollte Datum und Ort, den Problemhintergrund, die Beteiligten und den konkreten Anlass sowie die Auswirkungen des Konflikts dokumentieren. Beantworten Sie dazu die auf Seite 31 zusammengestellten Fragen (Stichworte genügen!).

Konfliktbedingungen unterscheiden sich

Ist die Situation, in der Sie sich derzeit befinden, nur schwer zu durchschauen, so versuchen Sie zunächst die Konfliktbedingungen zu klären. Welche Einflüsse und Konstellationen können dabei am Arbeitsplatz eine Rolle spielen? – Zunächst einmal sind es Sie selbst: Ihre Eigenheiten und Einstellungen, Verhaltensweisen und Ziele bestimmen nicht etwa nur Ihre

Konflikt-Tagebuch

■ Worum ging es?
■ Weshalb wurde die Sache konfliktträchtig?
■ Wer hat sich wie verhalten?
■ Wer hat was gesagt?
■ Welche Rahmenbedingungen und sonstigen Umstände waren von Bedeutung?
■ Woran wurde der Konflikt deutlich?
■ Welche Gefühle wurden bei mir ausgelöst?
■ Wie habe ich reagiert?
■ Wer hat mich unterstützt?
■ Welche Zeugen gab es?

eigene Einsatz- und Konfliktbereitschaft, sondern auch das Verhältnis zu den Kollegen, Ihren Mitarbeitern und zu Ihren Vorgesetzten.

Der zwischenmenschliche Kontakt in Arbeitsgruppen und Dienstbesprechungen, am Kopierer oder in der Mittagspause dient dabei sowohl dem Austausch sachlicher Informationen („Ich brauche da noch Ihre Unterschrift.") und emotionaler Botschaften („Ihre Ruhe möchte ich haben.") als auch einem ständigen Aushandlungsprozess. Anerkennung und Ansehen, Macht und Einfluss, Vertrauen und Zuversicht werden im Rahmen solch alltäglicher Positionskämpfe erworben oder auch verspielt.

Von Bedeutung sind dabei nicht nur Nähe und Distanz der Konfliktparteien, sondern auch die vom Unternehmen vorgegebenen Rahmenbedingungen. Neben Werten, Zielen, Normen und Regeln, die in Ihrem Unternehmen gelten, sind auch die Mittel und Ressourcen, die Sie zur Verfügung haben, wichtige Rahmenbedingungen. Auch Organisationsaufbau und -strukturen und natürlich Ihre eigentlichen Arbeitsaufgaben und -abläufe beeinflussen die persönlichen Konfliktbedingungen.

Das Konfliktgeschehen ist also von zahlreichen Faktoren abhängig: Zu unterschiedlichen Anteilen wird es sowohl von subjektiven Bedingungen (z. B. persönliche Einstellungen und Motive, Beziehungsprobleme und Verhaltensweisen) als auch von objektiven Bedingungen (z. B. Arbeitsinhalte und -abläufe, Mitbestimmungsmöglichkeiten und Sachprobleme) bestimmt.

Der Eigenanteil am Konflikt

Natürlich sind an Auseinandersetzungen in der Regel mehrere Personen beteiligt. Dies darf jedoch nicht darüber hinwegtäuschen, dass auch Sie die Entstehung und den Verlauf eines Konflikts beeinflussen können. Fangen Sie deshalb zunächst bei sich an: Klären Sie, welchen Anteil Sie am Konfliktgeschehen haben. Nehmen Sie eine ehrliche Selbsteinschätzung vor. Anders ausgedrückt: Bevor Sie Ihre Kollegen oder bestimmte Umstände verantwortlich machen, sollten Sie abklären, ob nicht Sie selbst der Auslöser des Konflikts sind.

Beispiel

Ein Mitarbeiter will etwas schreiben. Ihm fehlt jedoch ein Kugelschreiber. Sein Kollege hat einen. Also beschließt er sich diesen auszuborgen. Doch da kommen ihm Zweifel: Was passiert, wenn der Kollege nicht bereit ist den Stift zu verleihen? Gestern schon verhielt er sich distanziert und grüßte nur flüchtig. Vielleicht war er in Eile. Doch vielleicht war die Hektik nur vorgeschoben und er hat was gegen mich. Aber was? Ich habe ihm doch nichts getan; der bildet sich da bestimmt etwas ein. Wenn jemand von mir einen Kugelschreiber borgen wollte, ich gäbe ihn sofort. Und warum er nicht? Wie kann er mir einen so einfachen Wunsch abschlagen? Leute wie dieser Kerl vergiften das Arbeitsklima. Und dann bildet er sich noch ein, ich sei auf ihn angewiesen. Bloß weil ich gerade etwas zum Schreiben brauche. Jetzt reicht's mir wirklich. – Und so stürmt er an den Schreibtisch seines Gegenübers. Noch bevor sein Kollege etwas sagen kann, faucht ihn der Mitarbeiter an: „Ich komme auch ohne Ihren Kugelschreiber zurecht, Sie Egoist."

Dieses Beispiel illustriert, wie schnell eine Kette von Einbildungen und Unterstellungen einen ahnungslosen Kollegen in eine Konfliktsituation bringen kann. Indem die Verantwortung für das eigene Handeln einer anderen Person übertragen wird, gelingt es, sich gegenüber Eigenkritik und Selbstzweifeln erfolgreich zu immunisieren.

Damit Sie realistisch bleiben, sollten Sie stets auch Ihr eigenes Verhalten im Hinblick auf die Entstehung von Konflikten hinterfragen. Auf diese Weise können Sie abklären, inwieweit manches Ihrer Probleme selbst verursacht ist. Die folgende Checkliste – bezogen auf den Bereich der Aufgabenerledigung – wird Ihnen dabei helfen:

Checkliste: Eigenanteil am Konflikt

Verhaltensweise	Einschätzung
■ Kenne ich die Hauptaufgaben meiner Tätigkeit und weiß ich, was von mir an meinem Arbeitsplatz erwartet wird?	
■ Sind meine Aufgabenziele mit meinem Vorgesetzten abgestimmt?	
■ Welche in meinem Arbeitsgebiet routinemäßig wiederkehrenden Aufgaben muss ich erledigen?	
■ Habe ich jederzeit einen Überblick über die zur Bearbeitung anstehenden Aufgaben?	
■ Kenne ich Dringlichkeit und Wichtigkeit meiner Aufgaben?	
■ Setze ich Prioritäten?	
■ Erledige ich meine Aufgaben rechtzeitig?	
■ Gerate ich dabei öfter unter Druck?	
■ Muss ich von Vorgesetzten oder Kollegen an die Erledigung meiner Aufgaben erinnert werden?	
■ Schiebe ich Aufgaben vor mir her?	
■ Erledige ich meine Aufgaben vollständig?	

Verhaltensweise	Einschätzung
■ Erhalte ich oft Rückfragen oder Beschwerden?	
■ Erhalte ich Klagen darüber, dass ich Vorgesetzte oder Kollegen nicht ausreichend informiere?	
■ Verstehe ich mich mit meinem Vorgesetzten?	
■ Verstehe ich mich mit meinen Kollegen?	

Machen Sie sich nichts vor – die Beantwortung des obigen Fragenkatalogs spiegelt nur Ihre Selbsteinschätzung wider. Ebenso wichtig wäre es aber zu wissen, wie Sie von anderen Menschen gesehen werden. Bemühen Sie sich deshalb darum, Rückmeldungen zu Ihrem Auftreten und Verhalten zu bekommen. Eine solche Fremdeinschätzung durch Freunde oder auch vertraute Kollegen bestätigt oder korrigiert Ihre persönliche Sicht der Dinge.

Sind Sie sich nun über Ihren persönlichen Beitrag an der Konfliktsituation im Klaren, sollten Sie Ihr Augenmerk auf das breite Spektrum weiterer Konfliktbedingungen richten.

Die objektiven Konfliktbedingungen

Alle auf einer sachlichen Ebene liegenden und relativ leicht nachvollziehbaren Einflüsse und Ursachen zählen zu den objektiven Konfliktbedingungen. Dazu gehören neben den ethischen Grundlagen und Zielen des Unternehmens, seinem Aufbau und seinen Strukturen, den Arbeitsaufgaben und -abläufen, Normen und Werten auch die zur Verfügung stehenden Mittel und Ressourcen.

Anders ausgedrückt: Mitarbeiter können nicht in jeder Firma auf flexible Arbeitszeiten hoffen und müssen vielerorts auch auf die Möglichkeit einer regelmäßigen Fort- und Weiterbildung verzichten. Bei anderen Arbeitgebern sorgt wiederum eine entsprechende Infrastruktur – vom Betriebskindergarten bis zum Betriebssport – für das Wohl der Beschäftigten. Während sich in einigen Unternehmen Psychologen und Sozialarbeiter um die Lösung von Problemen kümmern, suchen Mitarbeiter andernorts entsprechende Hilfsangebote vergebens. Kurz: Jedes Unternehmen bietet Bedingungen, die Konflikte entweder fördern oder aber verhindern.

Finden Sie heraus, inwieweit sich derartige Einflüsse auf das Konfliktpotenzial an Ihrem Arbeitsplatz auswirken. Die folgende Checkliste wird Ihnen dabei helfen:

Checkliste: objektive Konfliktbedingungen

Sind die folgenden Bedingungen für das Konfliktgeschehen an Ihrem Arbeitsplatz von Bedeutung?	Ja	Nein
1 Werte und Ziele Dieser Bereich umfasst u. a. die Ethik des Unternehmens, seine Visionen und Zukunftsvorstellungen, strategischen Ziele und Planungen sowie Führungsgrundsätze und -richtlinien:		
■ Sind die Werte und Ziele des Unternehmens für alle Mitarbeiter verständlich?	❑	❑
■ Sind die Werte und Ziele des Unternehmens widerspruchsfrei?	❑	❑
■ Werden die Werte und Ziele des Unternehmens allgemein akzeptiert?	❑	❑
■ Werden die Werte und Ziele des Unternehmens im Alltag gelebt?	❑	❑
2 Organisationsaufbau und Organisationsstrukturen Hierunter fallen u. a. Größe und Umfang des Unternehmens, Anzahl der Hierarchieebenen, Zusammensetzung der Mitarbeiterschaft sowie Aufstiegs- und Entwicklungsmöglichkeiten:		
■ Ist eine unmittelbare Kontaktaufnahme zwischen den Kollegen, aber auch zu den Vorgesetzten möglich?	❑	❑

	Ja	Nein
■ Werden Macht- und Statusunterschiede erkennbar?	❏	❏
■ Sind Art und Niveau der fachlichen Qualifikationen vergleichbar?	❏	❏
■ Sind Kompetenzen und Verantwortungsbereiche voneinander abgegrenzt?	❏	❏
■ Welche Aufstiegs- und Entwicklungsmöglichkeiten gibt es?		
_____ _____ _____		

3 Normen und Regeln
Damit sind u. a. Richtlinien zur Einstellung, Beurteilung und Förderung der Mitarbeiter, Arbeitsanweisungen und Kontrollsysteme, Dienstwege sowie Entscheidungsprozesse gemeint:

	Ja	Nein
■ Sind die Normen und Regeln des Unternehmens allen Mitarbeitern bekannt?	❏	❏
■ Werden die Normen und Regeln des Unternehmens situationsbezogen gehandhabt?	❏	❏
■ Welche Folgen haben Abweichungen?		
_____ _____ _____		

	Ja	Nein
4 Mittel und Ressourcen Dieser Bereich umfasst u. a. Personal, Räume und deren Ausstattung sowie das zur Verfügung stehende Budget:		
■ Stehen für die Arbeits- und Aufgabenerfüllung ausreichende Mittel und Ressourcen zur Verfügung?	❏	❏
■ Sind die zur Verfügung stehenden Mittel und Ressourcen notfalls ersetz- oder ergänzbar?	❏	❏
■ Sind die zur Verfügung stehenden Mittel und Ressourcen an die Erreichung von Arbeitszielen gekoppelt?	❏	❏
5 Aufgaben und Arbeitsabläufe Zu diesem Bereich gehören u. a. Anforderungen und Anreize, Belastungen, Entscheidungsspielräume sowie Kompetenzen der Mitarbeiter:		
■ Sind die Aufgaben und Arbeitsabläufe abwechslungsreich und interessant?	❏	❏
■ Sind die Aufgabenstellungen klar und eindeutig?	❏	❏
■ Sind die Aufgaben und Arbeitsabläufe anspruchsvoll und herausfordernd?	❏	❏
■ Welche Unterstützung erfahren die Mitarbeiter? _____ _____		

	Ja	Nein
■ Welche Entscheidungsspielräume können die Mitarbeiter nutzen? _____ _____		
■ Erfordern die Aufgaben und Arbeitsabläufe eine regelmäßige Fort- und Weiterbildung?	❏	❏

Die subjektiven Konfliktbedingungen

Konflikte entwickeln sich nie alleine aufgrund schwieriger Arbeitsbedingungen oder einer bestimmten Unternehmenssituation – immer steuern Menschen etwas dazu bei. Deshalb spielen auch subjektive Bedingungen für das Konfliktgeschehen eine wichtige Rolle. Von persönlichen Gefühlen und Interessen geleitete Handlungen sind für andere Menschen besonders schwer nachzuvollziehen. Persönliche Merkmale, Einstellungen und Verhaltensweisen gehören ebenso dazu wie das Beziehungsverhältnis zwischen den Konfliktparteien.

Anders ausgedrückt: Menschen verhalten sich nicht immer wie erwartet – oder erwünscht. Sie reagieren empfindsam, wenn sie sich ungerecht behandelt oder unwohl fühlen. Sie können aggressiv werden oder sich zurückziehen. Sie können einfühlsam und hilfsbereit sein, aber auch andere übergehen und sich besser darstellen, als sie sind. Sie können sich ebenso unterordnen und zurücknehmen wie ihre Mitmenschen dominieren und für ihre Interessen einspannen. Kurz: Sie sind alles andere als perfekt.

Die folgende Checkliste wird Ihnen helfen diese subjektiven Konfliktbedingungen einzuschätzen.

Checkliste: subjektive Konfliktbedingungen

Sind die folgenden Bedingungen für das Konfliktgeschehen an Ihrem Arbeitsplatz von Bedeutung?	Ja	Nein
1 Persönliche Merkmale Dieser Bereich umfasst u. a. Flexibilität, Humor, Kommunikationsfreudigkeit und komplexes Denken der Kollegen und Mitarbeiter: ■ Sind bei den Kollegen/Mitarbeitern Merkmale vorhanden, die die Neigung zu Konflikten fördern? Welche könnten dies sein? _____ _____	❏	❏
■ Sind die Kollegen/Mitarbeiter für Konflikte genügend belastbar?	❏	❏
2 Einstellungen und Motive Dieser Bereich umfasst u. a. Motivation und Konkurrenzdenken, die Identifikation der Kollegen und Mitarbeiter mit ihrer Arbeit sowie deren Loyalität zum Unternehmen:		

	Ja	Nein
■ Fühlen sich die Kollegen/Mitarbeiter den eigenen Werthaltungen verpflichtet?	❏	❏
■ Stehen die Einstellungen einzelner Kollegen/Mitarbeiter im Widerspruch zu den Erwartungen des Unternehmens?	❏	❏

3 Wahrnehmungen und Kenntnisse
Dieser Bereich bezieht sich u. a. auf die Wahrnehmung sozialer Prozesse, das Gespür von Kollegen und Mitarbeitern für die Details der Situation sowie die konkreten Auswirkungen des eigenen Verhaltens:

	Ja	Nein
■ Werden mögliche Konfliktfelder von den Kollegen/Mitarbeitern klar erkannt und differenziert wahrgenommen?	❏	❏
■ Kennen die Kollegen/Mitarbeiter die an sie, aber auch aneinander gerichteten Erwartungen?	❏	❏
■ Wie schätzen die Kollegen/Mitarbeiter ihre eigene Situation im Hinblick auf den sich abzeichnenden/bereits bestehenden Konflikt ein? _____ _____		
■ Kennen die Kollegen/Mitarbeiter den eigenen Anteil am sich abzeichnenden/ bereits bestehenden Konflikt?	❏	❏

	Ja	Nein
4 Verhaltensweisen Dieser Bereich bezieht sich u. a. auf das Arbeits- und Führungsverhalten, die Flexibilität des Verhaltensrepertoires sowie die verbale und nonverbale Ausdrucksfähigkeit der Kollegen und Mitarbeiter:		
■ Ist das Verhalten der Kollegen/Mitarbeiter dem Problem/der Situation angemessen? ――――――――――――――――		
■ Überwiegen rationale oder emotionale Anteile? ――――――――――――――――		
■ Respektieren die Kollegen/Mitarbeiter ihre gegenseitige Verletzbarkeit?	❏	❏
5 Beziehungen Dieser Bereich umfasst u. a. Kollegialität, Offenheit und Vertrauen sowie die gegenseitigen Abhängigkeiten der Kollegen und Mitarbeiter:		
■ Sind die Beziehungen der Kollegen/Mitarbeiter frei von Hierarchie- und Statusunterschieden?	❏	❏
■ Welche Geschichte hat sich zwischen den einzelnen Kollegen/Mitarbeitern entwickelt? ――――――――――――――――		

	Ja	Nein
■ Stehen die Kollegen/Mitarbeiter in einem direkten Kontakt zueinander?	❏	❏
■ Können sich die Kollegen/Mitarbeiter gegenseitig schaden?	❏	❏

Beurteilen Sie den Konfliktverlauf

Konflikte bauen sich oft über Wochen oder Monate auf. Doch dann gewinnen sie schnell an Brisanz. Meist bedarf es nur noch eines geringen Anlasses, um das Fass zum Überlaufen zu bringen. Eine unbedachte Äußerung, ein falscher Blick, ein kleines Missverständnis kann so zum Ausgangspunkt für eine vergiftete Atmosphäre oder eine persönliche Feindschaft werden.

Versuchen Sie sich deshalb einen Eindruck zu verschaffen, der über eine bloße Momentaufnahme hinausreicht. Beobachten Sie das Problemfeld und stellen Sie fest, ob es sich mit der Zeit verändert. Nur so erhalten Sie eine Einschätzung, die letztlich Ihren Bezug zum Konfliktgeschehen bestimmt.

Jeder Konflikt kann eskalieren

Auseinandersetzungen entwickeln oft eine verhängnisvolle Eigendynamik. Ein mehrstufiges Modell der Konfliktskalation beschreibt diese – allerdings auch umkehrbare – Entwicklung. Fünf Phasen sollen danach unterschieden werden:

1 In dieser Phase finden engagierte Debatten und Diskussionen statt. Unterschiedliche Standpunkte kristallisieren sich heraus. Gespräche zwischen den Beteiligten erweisen sich als schwierig.

2 In dieser Phase wird die Gegensätzlichkeit der Positionen deutlich. Nicht Gemeinsamkeiten, sondern Unterschiede werden betont. Das Bewusstsein über die Differenzen erzeugt negative Emotionen wie Ärger oder Enttäuschung. Noch besteht die Überzeugung, die aufkommenden Spannungen in den Griff zu bekommen.

3 In dieser Phase kommt es zu einer Verhärtung der Positionen. Die Atmosphäre wird gereizter, es häufen sich verbale Entgleisungen. Die Standpunkte werden unversöhnlicher. Die Suche nach Verbündeten wird intensiviert. Forderungen und Ultimaten werden gestellt.

4 In dieser Phase schwindet der Glaube an eine einvernehmliche Lösung des entstandenen Konflikts. Misstrauen macht sich breit. Vollendete Tatsachen tragen zum Aufbau von Drohpotenzial bei. Sanktionen werden angekündigt und damit eine Eskalation der Auseinandersetzung herbeigeführt.

5 In dieser Phase gibt es kein Zurück mehr – der Konflikt hat sich zu einem Kampf entwickelt. Rücksichtslosigkeit bestimmt das Konfliktgeschehen. Das aufgebaute Drohpotenzial kommt zur Anwendung.

Die Beantwortung der folgenden Fragen wird Ihnen dabei helfen, den Konfliktverlauf – auch hinsichtlich seiner zukünftigen Entwicklung – besser einzuschätzen:

Checkliste: **Konfliktverlauf**

- Welche Vorgeschichte hat der Konflikt?

  _____

- Sind kritische Wendepunkte im Konfliktverlauf zu erkennen?

  _____

- Ist der Konflikt eskaliert, hat er sich abgeschwächt oder in anderer Weise verändert?

  _____

- In welchen Situationen erhitzt sich der Konflikt, in welchen kühlt er sich ab?

  _____

- Was ist geeignet den Konflikt voranzutreiben oder abzuschwächen?

  _____

- Gibt es Situationen, in denen eine Distanzierung vom Konfliktgeschehen möglich ist?

  _____

- Welche Möglichkeiten werden von wem und in welchen Situationen zur Konfliktlösung vorgeschlagen?

  _____

- Wie wird versucht die Möglichkeiten zur Konfliktlösung umzusetzen?

  _____

Mit Konflikten umgehen

Aus dem Teufelskreis negativer Emotionen heraus-
zukommen ist nicht einfach. Doch wer sich
Konflikten stellt und sie strategisch angeht,
kann den Sprung in die Erfolgsspirale schaffen.

Ihre Interessenlage zählt

Egal welchen Konflikt Sie ausfechten – fast immer haben Sie es mit einem Geflecht unterschiedlicher Interessen und Personen zu tun. Gegenseitige Abhängigkeiten machen Auseinandersetzungen am Arbeitsplatz besonders schwer durchschaubar.

Entsprechende Zusammenhänge mal eben einschätzen und beeinflussen zu wollen, zeugt von fehlender Erfahrung im Umgang mit zwischenmenschlichen Problemen. Konflikte, die nicht nur Ihre Arbeitszufriedenheit, sondern möglicherweise auch Ihre berufliche Zukunft betreffen, sollten Sie nicht auf die leichte Schulter nehmen. Überlegen Sie deshalb genau, was zu tun ist!

■ Nicht jedes Problem ist eine Auseinandersetzung wert. Nehmen Sie sich Zeit für eine Abklärung Ihrer persönlichen Interessenlage. Finden Sie heraus, wie wichtig Ihnen der Konflikt und das zugrunde liegende Problem wirklich sind. Versuchen Sie die zukünftige Entwicklung der Auseinandersetzung zu prognostizieren und die Auswirkungen einer möglichen Eskalation abzuschätzen. Stellen Sie sich vor, welche Konsequenzen – ob beabsichtigt oder nicht – ein solcher Konflikt für Sie haben könnte. Berücksichtigen Sie dabei neben Ihrer beruflichen Existenz auch Ihre private Lebenssituation.

Beispiel

Ein Schichtleiter beabsichtigt, durch einen neuen Führungsstil für ein leistungsförderndes Arbeitsklima zu sorgen. Seine Innovationsfreudigkeit ruft bei den Beschäftigten jedoch eine Abwehrhaltung hervor – immer wieder gerät er mit seinen Mitarbeitern aneinander. Durch ständige Blockaden versuchen diese den dynamischen Vorgesetzten auszubremsen.

Schon bald kommt es zu den beabsichtigten Folgen: Der Schichtleiter verliert die Lust an den zeitraubenden Auseinandersetzungen und verzichtet auf weitere Veränderungen. Nach wenigen Wochen treten jedoch unbeabsichtigte Folgen ein: Der Schichtleiter zieht sich resigniert zurück und lässt sich versetzen. Als kurze Zeit später ein unbeliebter Vorarbeiter sein Nachfolger wird, wünschen sich die meisten Mitarbeiter ihren alten Schichtleiter zurück.

Wie wichtig Ihnen eine bestimmte Auseinandersetzung wirklich ist, sollten Sie nicht an Ihrer augenblicklichen Betroffenheit, sondern an Ihrer zukünftigen Interessenlage festmachen. Klären Sie, welchen Einfluss die entsprechende Konfliktsituation auf die folgenden Aspekte Ihres Lebens hat:

- Ihre **Gesundheit**, also Ihr körperliches und emotionales Wohlbefinden.

- Ihre **Arbeitszufriedenheit**, also Ihr tätigkeitsbezogenes Interesse und Engagement, Ihre Vorgesetzten und der Kreis Ihrer Kollegen, das Betriebsklima sowie das Ansehen Ihres Unternehmens.

- Ihre **Berufsperspektiven**, also Ihre berufsbezogenen Karrieremöglichkeiten und Zukunftspläne.

- Ihre **Partnerschaft**, also Ihre Einbindung in die Familie oder eine enge und verlässliche Beziehung.

- Ihre **sozialen Kontakte**, also Ihren Freundes- und Bekanntenkreis.

- Ihre **Finanzsituation**, also Ihre Einkommens- und Vermögensverhältnisse.

- Ihre ganz persönliche Vision von einem zukünftigen Leben, also wie und unter welchen Bedingungen Sie Ihre Zukunft gestalten möchten.

Entwickeln Sie eine Strategie

Sie können sich einem Konflikt nicht mehr entziehen oder haben sich ganz bewusst entschieden, eine Auseinandersetzung einzugehen. Was Sie nun brauchen ist eine Handlungsanleitung.

Entwickeln Sie für diesen Zweck eine Strategie, wie Sie mit dem bestehenden Interessen- oder Meinungsunterschied umgehen wollen. Eine systematische Vorgehensweise wird Ihnen helfen, auf die entscheidenden Dimensionen der Auseinandersetzung Einfluss zu nehmen. Sie verschaffen sich damit zugleich die besten Voraussetzungen, um das Konfliktgeschehen aktiv steuern zu können.

Wie Sie sich dem Konflikt stellen können

In welchen Schritten sollten Sie Ihre Strategie nun umsetzen? Nehmen wir an, Sie haben eine besondere Sensibilität für mögliche Konfliktquellen entwickelt und die Anzeichen für Spannungen frühzeitig erkannt. Sie haben Ihren Anteil an der Problematik hinterfragt und das Konfliktpotenzial gesichtet. Sie wissen, in welcher Phase des Konfliktverlaufs Sie sich befinden. Nun geht es darum, sich für eine Konfrontation zu rüsten.

Die ersten drei Schritte betreffen dabei die Fähigkeiten und Kompetenzen, die Sie brauchen, um sich in Konfliktsituationen behaupten zu können. In den weiteren Etappen sollten Sie dann versuchen auf den Konfliktverlauf Einfluss zu nehmen.

1 Zunächst geht es darum, dass Sie Selbstsicherheit gewinnen. Damit Sie auch in unübersichtlichen Situationen einen klaren Kopf bewahren, brauchen Sie Vertrauen in die eigene Person, in die Richtigkeit Ihrer Entscheidungen und in Ihr Handeln.

Erst auf der Grundlage eines positiven Selbstwertgefühls können Sie sich eine aktive Einflussnahme auf das Konfliktgeschehen zutrauen.

Tun Sie etwas, damit Sie nicht in einen Teufelskreis negativer Emotionen geraten. Entwickeln Sie stattdessen Ihre positiven Erfahrungen im Rahmen einer Erfolgsspirale weiter.

2 Sie werden feststellen, dass Sie zu diesem Zweck Ihre Einstellung und Ihr Verhalten neu ausrichten müssen. Dies erfordert die Bereitschaft, über sich und andere, Persönliches und Sachliches, gestern, heute und morgen nachzudenken und zu sprechen.

Weit mehr als fachliches Wissen sind kommunikative Fähigkeiten und soziale Kompetenzen für die Regelung eines Konflikts von Bedeutung. Verbessern Sie deshalb Ihre Möglichkeiten, sich zu artikulieren und selbst zu organisieren sowie mit Belastungssituationen umzugehen.

3 „Alleine machen sie Dich ein." – Diese Erfahrung gilt auch für den Umgang mit Konflikten. Bauen Sie sich darum ein Netzwerk von Unterstützungsmöglichkeiten auf. Suchen Sie sich Verbündete.

Nehmen Sie die bestehenden Angebote professioneller Hilfe in Anspruch. Sie werden sehen, dass es eine Reihe von Fachleuten gibt, die Sie ernst nehmen und die Ihnen mit Rat und Tat zur Seite stehen.

Solidarität und Unterstützung erfahren Sie aber auch durch Menschen, die bereits Ähnliches erlebt haben. Beziehen Sie deshalb die Teilnahme an einer Selbsthilfegruppe in Ihre Überlegungen mit ein.

Nicht zuletzt sollten Sie auch an die Pflege Ihrer privaten Beziehungen denken. Bei allem Ärger und Stress – vernachlässigen Sie weder Ihre Partnerschaft noch Freunde oder Bekannte. Im Gegenteil, beratschlagen Sie mit ihnen Ihre weitere Vorgehensweise.

4 Aus eigener Erfahrung, aber auch aus Gesprächen mit Freunden und Kollegen werden Sie wissen, wie unterschiedlich Menschen auf Probleme und Schwierigkeiten reagieren. Konflikte am Arbeitsplatz machen dabei keine Ausnahme.

Wichtig ist, dass Sie deshalb verschiedene Handlungsperspektiven entwickeln und gegeneinander abwägen. Setzen Sie Prioritäten und suchen Sie den zur Beilegung Ihres Konflikts aussichtsreichsten Weg.

5 Schaffen Sie Möglichkeiten, um mit Ihrem Konfliktgegner in Kontakt zu kommen. Bauen Sie eine Beziehung auf, die ein Gespräch möglich macht. Nur so erhalten Sie die Gelegenheit, Ihre Pläne und Überlegungen in praktisches Handeln umzusetzen.

Trennen Sie dabei jedoch emotionale Beziehungs- von

nüchternen Sachproblemen. Eine solche Unterscheidung macht es Ihnen leichter, sich auf den Kern der Auseinandersetzung zu konzentrieren.

6 Der Aufbau einer Beziehung kann nur dann gelingen, wenn Sie sich auf Ihr Gegenüber einstellen. Da jeder Mensch anders reagiert, sollten Sie in der Lage sein, auf verschiedene Denkmuster und Einstellungen, Mentalitäten und Verhaltensweisen einzugehen.

7 Um einer Lösung des Konflikts näher zu kommen, müssen Sie miteinander reden. Beachten Sie dabei unbedingt die Grundregeln erfolgreicher Kommunikation. Sorgen Sie für eine angenehme Gesprächsatmosphäre und helfen Sie mit, mögliche Kommunikationsbarrieren abzubauen.
Gelingt es Ihnen das Gespräch aktiv zu steuern, so besitzen Sie eine ideale Ausgangsposition, um Ihre Interessen durchzusetzen.

8 Versuchen Sie nicht Ihren Konfliktgegner zu dominieren – auch nicht ihn zum Verlierer zu machen. Entsteht bei Ihrem Gegenüber das Gefühl an die Wand gedrückt zu werden, so wird die Auseinandersetzung eher an Härte zunehmen.
Stellen Sie vielmehr das Problem in den Mittelpunkt der Aufmerksamkeit und versuchen Sie, Ihren Konfliktgegner von einer gemeinsamen Lösung zu überzeugen. Anders ausgedrückt: Wollen Sie die Lösung des Konflikts vorantreiben, so kommen Sie Ihrem Konfliktgegner – auch wenn es Ihnen nicht immer leicht fällt – soweit wie mög-

lich entgegen. Konkret heißt das: Seien Sie kompromissbereit.

9 Wenn Sie realistische Lösungsstrategien entwickeln wollen, müssen Sie verschiedene Handlungsalternativen aus-
arbeiten und gegeneinander abwägen. Holen Sie dafür
alle notwendigen Informationen ein. Sprechen Sie mit
Menschen, die Ihre Situation einschätzen können. Erst
dann treffen Sie eine Entscheidung zur bestmöglichen
Vorgehensweise. Entwickeln Sie eine Strategie und planen
Sie konkrete Aktivitäten zur Umsetzung der getroffenen
Entscheidung.

10 Schauen Sie mit Zuversicht in die Zukunft. Beenden Sie
Ihren Konflikt. Sorgen Sie für dessen Aufarbeitung. Zei-
gen Sie sich versöhnlich – nur so finden Sie dauerhaften
Frieden. Schauen Sie nach vorne – und nicht zurück.

Gewinnen Sie Selbstvertrauen

Konflikte sind kaum zu verhindern – wem bleiben schon
schwierige Kollegen oder unfähige Vorgesetzte ein Berufsle-
ben lang erspart? Damit Sie dem mit der notwendigen Gelassenheit entgegensehen können, brauchen Sie vor allem ein
gesundes Vertrauen in die eigene Person.

Tun Sie etwas für Ihr Selbstbewusstsein: einerseits, um nicht
in einen Teufelskreis zu geraten, andererseits, um positive Erfahrungen sammeln und diese im Rahmen einer Erfolgsspirale weiterentwickeln zu können. Das ist leicht gesagt. Doch es

Strategie zur Lösung von Konflikten

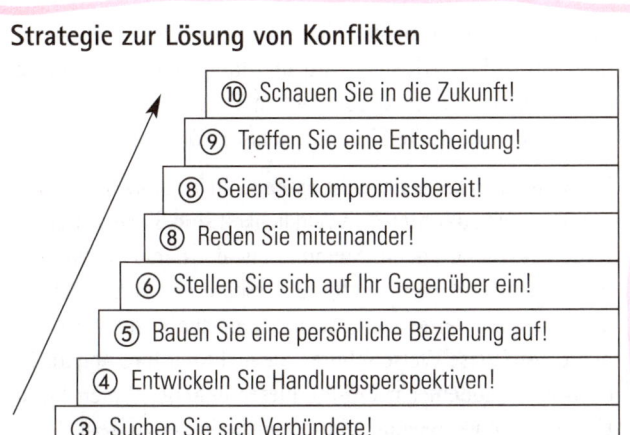

⑩ Schauen Sie in die Zukunft!

⑨ Treffen Sie eine Entscheidung!

⑧ Seien Sie kompromissbereit!

⑧ Reden Sie miteinander!

⑥ Stellen Sie sich auf Ihr Gegenüber ein!

⑤ Bauen Sie eine persönliche Beziehung auf!

④ Entwickeln Sie Handlungsperspektiven!

③ Suchen Sie sich Verbündete!

② Verbessern Sie Ihre sozialen Kompetenzen!

① Gewinnen Sie Selbstvertrauen!

gibt einige Grundsätze, an die Sie sich halten können und die Sie dabei unterstützen werden Ihr Selbstbewusstsein zu festigen.

Geraten Sie nicht in einen Teufelskreis

Vermeiden Sie es, in einen Sog negativer Einstellungen und Emotionen zu geraten. Sie finden sich unversehens in einem Teufelskreis wieder, dem Sie sich nicht mehr so leicht entziehen können.

An einem Beispiel werden die Gefahren einer solchen negativen Verstärkung anschaulich. Nehmen wir an, Ihnen steht ein unangenehmes Gespräch mit dem Chef bevor. Sie erwarten, dass Ihre Arbeit kritisiert wird und Ihnen Vorhaltungen gemacht werden. Diesmal aber wollen Sie sich wehren. Sie haben jedoch Angst, die Situation könnte eskalieren.

Ihre Gedanken kreisen um die Frage: „Bin ich stark genug, dieses Gespräch zu führen?" In Wirklichkeit sind Sie unsicher und trauen sich eine andere Meinung mit der daraus entstehenden Kontroverse nicht recht zu. Deshalb geben Sie sich sogleich die ernüchternde Antwort: „Ich schaffe das bestimmt nicht!" Auf diese Weise schüren Sie nicht nur Ihre Ängste. Sie entwickeln zudem ein Gefühl, dieser unangenehmen Situation mehr oder weniger hilflos ausgeliefert zu sein – und empfinden damit wie ein Opfer. Jetzt haben Sie auch kein Vertrauen mehr in die eigene Person. Pessimismus und Selbstzweifel bestimmen Ihr Denken und Handeln – es fehlt Ihnen an Selbstsicherheit und Zuversicht.

Mit der Zeit nimmt Ihr Unwohlsein zu und beeinträchtigt das körperliche Wohlbefinden: Kopf- und Magenschmerzen, Schlafstörungen und Verspannungen werden immer häufiger. Nun bestätigt auch Ihr Körper die anfänglichen Befürchtungen: „Ich bin nicht o. k.!" Der Wunsch, das Gespräch abzusagen, wächst. Sie fühlen sich zu schwach Ihrem Chef wirklich Paroli zu bieten. Sie wissen schon jetzt: „Er hat die besseren Karten – und wird gewinnen." Diese Einstellung bestätigt Ihren Entschluss, sich dem Gespräch nicht zu stellen.

Sind Sie schon öfter in einen solchen Sog negativer Einstellungen und Erfahrungen geraten, besteht die Gefahr, dass Sie diese Form der Abwehrhaltung bereits kultiviert haben. Ohne es zu wollen, haben Sie sich damit in einen Teufelskreis gegenseitiger Abhängigkeiten verstrickt, den Sie unbedingt wieder verlassen sollten.

Wie Sie dem Teufelskreis entkommen

Um einem solchen Teufelskreis zu entkommen, müssen Sie bereit sein Ihre Sichtweise neu auszurichten. Dies aber braucht Zeit: Einstellungs- und Verhaltensänderungen sind nicht von heute auf morgen zu erreichen. Doch Sie wissen – auch ein langer Marsch beginnt mit einem ersten Schritt.

Der folgende Aktionsplan gibt Ihnen einige Anregungen, was Sie tun sollten, um sich aus einer solchen negativen Verstrickung zu lösen:

1 Ihre Nerven sind strapaziert genug. Nehmen Sie eine Auszeit. Verlassen Sie das Konfliktfeld. Wenigstens für ein paar Tage.

2 Was Sie brauchen ist Ruhe. Ziehen Sie sich zurück. Sorgen Sie für eine entspannte Atmosphäre in angenehmer Umgebung.

3 Finden Sie zu sich selbst. Schalten Sie ab. Machen Sie Ihren Kopf frei. Vermeiden Sie Ablenkungen und Störungen.

4 Beginnen Sie das Konfliktgeschehen aufzuarbeiten. Erinnern Sie sich. Ordnen Sie Ihre bisherigen Eindrücke und Erfahrungen. Legen Sie ein Konflikt-Tagebuch an. Versuchen Sie Ihre Gedanken und Gefühle in Worte zu fassen und aufzuschreiben.

5 Analysieren Sie dabei auch Ihr eigenes Verhalten. Benennen Sie Ihre Erfolge und Niederlagen. Finden Sie Ihre Stärken und Schwächen heraus.

6 Überlegen Sie, wie Sie Ihre derzeitige Situation am Arbeitsplatz verändern und verbessern können. Bleiben Sie dabei realistisch. Setzen Sie sich konkrete Ziele – möglichst mit Terminvorgaben.

7 Überstürzen Sie nichts. Gehen Sie Schritt für Schritt vor. Knüpfen Sie dabei an Ihre positiven Erfahrungen an. Bauen Sie Ihre Stärken aus. Schaffen Sie sich eine solide Basis, von der aus Sie neue Wege einschlagen können. So spüren Sie Rückenwind und entwickeln neue Kräfte.

8 Lassen Sie sich helfen. Überlegen Sie, welche Unterstützung Sie benötigen und wie Sie diese erhalten. Suchen Sie sich Verbündete.

Nutzen Sie die Chancen einer Erfolgsspirale

Greifen wir das vorherige Beispiel noch einmal auf. Diesmal, um zu illustrieren, wie Sie Ihr Selbstbewusstsein mit Hilfe positiver Erfolge und gewonnener Zuversicht aufbauen können.

Ihnen ist klar, dass ein unangenehmes Gespräch bevorsteht. Sie sind realistisch genug, um festzustellen: „Das wird bestimmt nicht einfach." Sie lassen sich jedoch nicht aus der Ruhe bringen. Sie wissen, dass sich schon manches schwierige Gespräch zu einem konstruktiven Dialog entwickelt hat.

Natürlich wird es Kritik und Vorwürfe geben – doch auch andere Kollegen haben diese Erfahrung machen müssen.

Da Sie nicht nur Ihre Schwächen, sondern auch Ihre Stärken kennen, machen Sie sich sogleich Mut: „Meine Argumente sind gut. Wenn sich der Chef erst einmal ausgetobt hat, hört er mir bestimmt zu." Sie haben das Gefühl, auch ein so schwieriges Gespräch bewältigen zu können, und verfallen nicht in die Rolle des Opfers. Anhand anderer Erlebnisse können Sie Ihren Chef einschätzen. Sie sind konzentriert bei der Sache und sehen dem Gespräch mit einer gewissen Gelassenheit entgegen. Ihre ruhige und selbstsichere Art wirkt sich positiv auf Ihr Wohlbefinden aus. Auch Ihr Körper bestätigt Ihre positive Sicht der Dinge: „Ich bin o. k.!"

Indem Sie bisherige Erfahrungen und vergleichbare Situationen bewusst heranziehen, um Ihr Selbstvertrauen zu stützen, nutzen Sie die Chancen positiver Verstärkung. Damit verschaffen Sie sich auch bei Ihrem Chef einen souveränen Auftritt. Können Sie weitere positive Erfahrungen dieser Art verbuchen, so werden Sie Mut fassen, um auch mit anderen Konfliktsituationen fertig zu werden.

Verbessern Sie Ihre sozialen Kompetenzen

Konflikte beschreiben in der Regel besonders komplizierte zwischenmenschliche Beziehungen. Diese erfolgreich regeln zu können, setzt neben kommunikativen Fähigkeiten weitere soziale Kompetenzen voraus.

- Ist es Ihnen peinlich, unbequeme Fragen zu stellen oder Kritik zu äußern?

- Versuchen Sie anderen zu gefallen, um ja nicht aufzufallen?

- Ist die Angst vor bestimmten Personen oder Situationen so groß, dass Sie diese meiden?

Wenn Sie diese Fragen mit Ja beantworten, wird Ihr Verhalten möglicherweise von sozialen Ängsten bestimmt, die es Ihnen schwer machen sich in Streitgesprächen oder anderen Konfliktsituationen zu behaupten. Doch soziale Ängste abzubauen kann man lernen. Nutzen Sie die entsprechenden Möglichkeiten.

Achten Sie darauf mit den eigenen Kräften sinnvoll umzugehen. Auch das zählt zu den Voraussetzungen eines erfolgreichen Umgangs mit Konflikten. Ihr Wohlbefinden sollte Ihnen am Herzen liegen. Wer tagtäglich an seinem Arbeitsplatz kämpfen muss, braucht Kondition und Kraft. Sorgen Sie deshalb für Phasen der Entspannung und Erholung. Strategien der Arbeitsmethodik und des Zeitmanagements können Ihnen dabei helfen.

Die meisten Einrichtungen der Erwachsenenbildung (z. B. Volkshochschulen), aber auch viele Seminarveranstalter aus dem Bereich der Wirtschaft bieten zur Entwicklung und Förderung sozialer Kompetenzen Führungs- und Verhaltenstrainings an. Scheuen Sie sich nicht entsprechende Angebote wahrzunehmen!

Machen Sie sich nicht von Ihrer Arbeit abhängig

Wer sein Selbstwertgefühl von der Arbeit abhängig macht, hat ein Problem. Denn dann regiert der berufliche Erfolg oder Misserfolg das Leben und bestimmt die Zufriedenheit. Eine Überidentifikation ist eingetreten.

Konkret bedeutet dies: Wenn Sie mit anderen Menschen in Kontakt treten, tun Sie es nicht als die Person, die Sie wirklich sind, sondern durch den Bezug zu Ihrer Arbeit. Je mehr Sie sich auf Ihre Arbeit ausrichten, desto wahrscheinlicher ist dies. Selbst wenn Sie keine arbeitsbezogenen Themen ins Gespräch bringen, definieren Sie Ihren persönlichen und sozialen Status anderen Leuten gegenüber durch Ihre Arbeit.

Sind Sie weniger stolz auf Ihre berufliche Situation, kann aber auch das Gegenteil passieren. In diesem Fall setzen Sie sich anderen gegenüber herab und sind ängstlich darum bemüht, das Gespräch von arbeitsbezogenen Themen freizuhalten.

Diskussionen über Ihre Arbeitssituation weisen für Sie ein hohes Konfliktpotenzial auf. Bestimmt die Arbeit Ihr Leben, werden Sie jede Kritik an Ihrer Tätigkeit als persönlichen Angriff werten – und dementsprechend reagieren. Versuchen Sie deshalb dieser Entwicklung entgegenzuwirken.

So können Sie einer Überidentifikation gegensteuern

- Untersuchen Sie das Ausmaß Ihrer arbeitsbezogenen (Über)-Identifikation. Zu diesem Zweck schreiben Sie auf die Frage: „Wer bin ich?" so viele Antworten wie möglich auf.

- Die Anzahl der Antworten ist weniger wichtig als ihre Art. Schauen Sie sich deshalb Ihre Liste einmal genauer an:
  - Wie oft kommt Ihre Arbeit darin vor?
  - Wie definieren Sie sich? Durch Dinge oder andere Menschen, durch die Vergangenheit oder zukünftige Ziele?
  - Wie viel von Ihren persönlichen Ansichten, Eigenschaften und Werten findet Berücksichtigung?

- Ist viel von dem, was Sie sind, eng mit Ihrer Arbeit verbunden? Denken Sie darüber nach. Fragen Sie sich: „Was bedeutet dies für mein Selbstwertgefühl?" Ein bestimmtes Maß an Identifikation mit der Arbeit ist gut, zu viel macht Sie jedoch anfällig für Konflikte.

- Stellen Sie das Gleichgewicht wieder her, indem Sie sich mehr Ihrer Partnerschaft/Familie oder Ihren Freunden widmen. Suchen Sie Ihre Interessen auch außerhalb des Arbeitsplatzes. Finden Sie heraus, was Sie im Leben wirklich wollen!

Suchen Sie sich Verbündete

Konflikte nehmen zuweilen Formen an, bei denen es Ihnen ohne fremde Hilfe schwer fallen wird sich zu behaupten. Suchen Sie sich deshalb Unterstützung.

Nutzen Sie unternehmensinterne Hilfsangebote

Der Auf- und Ausbau betrieblicher Informations- und Beratungsmöglichkeiten hat in den letzten Jahren stetig zugenommen. Nutzen Sie deshalb zunächst die in Ihrem Unternehmen bestehenden Hilfsangebote.

Personalabteilung

Eine der wichtigsten Aufgaben des Personalwesens ist es, für effektive Arbeitsbedingungen zu sorgen. Aus diesem Grund interessieren sich die zuständigen Mitarbeiter auch für Konflikte und deren Auswirkungen auf die sozialen Beziehungen am Arbeitsplatz.

Viele Personalabteilungen bieten deshalb zu diesem Thema Informationen an, die Sie sich ansehen sollten. Kommen Fort- und Weiterbildungsangebote für Sie in Betracht, so machen Sie davon Gebrauch.

Doch Vorsicht: Erhält die Personalabteilung Kenntnis von den Einzelheiten eines konkreten Konflikts, ist sie möglicherweise dazu gezwungen, mit arbeitsrechtlichen Maßnahmen zu reagieren. Überlegen Sie, ob Ihr Problem solche Konsequenzen nach sich ziehen könnte und ob sie gerechtfertigt wären.

Betriebs- und Personalrat

Fühlen Sie sich von Ihrem Betriebs- oder Personalrat vertreten, so profitieren Sie von dessen Kenntnissen. Im Betriebs- oder Personalrat engagierte Kollegen haben in der Regel viel Erfahrung im Umgang mit den verschiedensten Konfliktformen und sie haben Kontakte, die Ihnen weiterhelfen können.

Erwarten Sie jedoch nicht, dass Ihnen die Lösung des Konflikts abgenommen wird. Auch wenn mancher Betriebs- oder Personalrat dazu bereit sein könnte, alle unangenehmen Erfahrungen von Ihnen fern zu halten, lassen Sie sich nicht im Sinne anderer Interessen instrumentalisieren. Vermeiden Sie, dass Ihr Konflikt zum Gegenstand einer bestimmten Interessenpolitik gemacht wird.

Betriebsarzt

Bislang sehen sich nur wenige Betriebsärzte in der Lage, über Ihre arbeitsmedizinischen Aufgaben hinaus auch den zwischenmenschlichen Problemen eine angemessene Aufmerksamkeit entgegenzubringen. Ihre Kenntnisse psychosozialer Belastungen und tätigkeitsspezifischer Hintergründe machen Betriebsärzte jedoch auch bei Konflikten zu wichtigen Gesprächspartnern. Der Betriebsarzt kann Ihnen z. B. die vorübergehende Arbeitsunfähigkeit (AU) bescheinigen oder Sie an externe Kollegen (z. B. auch Psychotherapeuten) weiterempfehlen.

Soll ein Betriebsarzt in Ihrem Sinne aktiv werden, müssen Sie ihn von seiner Schweigepflicht entbinden. Überlegen Sie sich diesen Schritt in Abwägung der möglichen positiven und negativen Konsequenzen.

Betrieblicher Sozialdienst

Konkrete Ansprechpartner bei der Suche nach praktischer Hilfe können auch die Mitarbeiter des betrieblichen Sozialdienstes sein. Nicht in allen, aber in zunehmend mehr Unternehmen sind Psychologen sowie Sozialarbeiter und -pädagogen darauf spezialisiert, sich um Fragen der betrieblichen

Gesundheitsförderung zu kümmern. Neben psychosozialen Problemen gehört dazu auch das breite Spektrum zwischenmenschlicher Beziehungen.

Die Unterstützung, die Sie erwarten können, lässt sich zumeist nach drei Gesichtspunkten unterscheiden:

- Persönliche Beratung, bei der Sie im Rahmen eines Vier-Augen-Gesprächs Ihre Schwierigkeiten schildern und sich hinsichtlich Ihres weiteren Vorgehens beraten lassen können.

- Intensive Betreuung, bei der Sie im Rahmen einer ausgiebigen – nicht selten auch therapeutischen – Konfliktbearbeitung notwendige Hilfe erfahren.

- Kontinuierliche Begleitung, bei der Ihnen über einen längeren Zeitraum hinweg ein professioneller Helfer zur Seite steht.

Gruppe der Betriebsbeauftragten

In vielen Unternehmen existiert mittlerweile ein gut ausgebautes System haupt- und ehrenamtlicher Beauftragter. Als sachkundige Mitarbeiter haben sie die Aufgabe, zur Chancengleichheit aller Beschäftigten beizutragen und eine konfliktfreie Zusammenarbeit zu fördern. Auch sie kommen deshalb als mögliche Verbündete in Betracht:

- Ausländerbeauftragte,
- Behindertenbeauftragte,
- Gleichstellungsbeauftragte,
- Mobbingbeauftragte,
- Sicherheitsbeauftragte.

Nutzen Sie unternehmensexterne Hilfsangebote

Haben Sie die Möglichkeiten unternehmensinterner Unterstützung ausgeschöpft – vielleicht aber aus guten Gründen auch gar nicht erst in Anspruch genommen – so wenden Sie sich den Hilfsangeboten außerhalb Ihres Unternehmens zu. Hierzu zählen:

- Ihr Hausarzt oder ein anderer niedergelassener Arzt Ihres Vertrauens,

- ein Psychologe, insbesondere mit den Schwerpunkten Arbeits-, Betriebs- und Organisationspsychologie oder Klinische Psychologie,

- ein Rechtsanwalt, insbesondere mit dem Schwerpunkt Arbeitsrecht.

Nutzen Sie die Erfahrungen Gleichbetroffener

Der Umgang mit Konflikten am Arbeitsplatz – insbesondere mit Mobbing – hat vielerorts Betroffene zusammengeführt, die Selbsthilfegruppen gegründet haben. Mitglieder dieser Interessengemeinschaften handeln in eigener Sache. Im Rahmen regelmäßiger Treffen lernen sie mit Ihren Schwierigkeiten umzugehen und ihre Arbeits- und Lebenssituation angemessen zu bewältigen. Scheuen Sie sich nicht, das Erfahrungswissen dieser Gruppen zu nutzen.

■ Adressen lokaler Selbsthilfegruppen erhalten Sie in der Regel über das Gesundheitsamt oder die Krankenkasse. Termine regelmäßiger Treffen werden zudem häufig in der lokalen Presse bekannt gegeben. Beabsichtigen Sie eine Selbsthilfegruppe zu gründen, so erhalten Sie praktische Hinweise bei der Deutschen Arbeitsgemeinschaft für Selbsthilfegruppen e. V. in Gießen oder über die Nationale Kontakt- und Informationsstelle zur Anregung und Unterstützung von Selbsthilfegruppen (NAKOS) in Berlin. ■

Pflegen Sie Ihre sozialen Kontakte

Konflikte sorgen für Unausgeglichenheit und Unzufriedenheit. Wer aber will ständig mit einem gereizten Kollegen oder Partner zu tun haben? Bevor Sie darüber zum Einzelgänger und folglich auch Einzelkämpfer werden, sollten Sie den Kontakt zu Freunden und Bekannten pflegen. Ohne einen entsprechenden Kreis vertrauter Menschen wird es Ihnen kaum gelingen, Auseinandersetzungen über einen längeren Zeitraum durchzuhalten.

Widmen Sie deshalb dem Aufbau eines sozialen Netzwerks besondere Aufmerksamkeit. Möglichkeiten dazu gibt es genug:

- Tun Sie etwas für Ihre Partnerschaft.
- Halten Sie Kontakt zu Ihrer Familie.
- Unternehmen Sie etwas mit Ihren Freunden.
- Bauen Sie sich einen Bekanntenkreis auf.
- Pflegen Sie den Smalltalk mit Ihren Nachbarn.
- Investieren Sie etwas Geld für eine gute Kontaktanzeige.

- Engagieren Sie sich im sozialen oder politischen Bereich.

- Schließen Sie sich einem Verein an.

- Besuchen Sie Kultur- und Sportveranstaltungen.

- Nutzen Sie die Angebote der Erwachsenenbildung.

- Suchen Sie sich eine Stammkneipe.

- Betreiben Sie ein Hobby, das Sie mit anderen Menschen zusammenbringt.

> ■ Beziehen Sie Ihren Partner, aber auch langjährige Freunde und vertraute Kollegen in wichtige Entscheidungen auf dem Weg zu einer möglichen Konfliktlösung mit ein. So sorgen Sie dafür, dass Sie in der Einschätzung des Konflikts und seiner Folgen realistisch bleiben. ■

Konflikte konstruktiv lösen

Wer jeden Konflikt „löst", indem er sich auf stur stellt oder Druck ausübt, wird von der nächsten Auseinandersetzung bald eingeholt werden. Mit kommunikativer Kompetenz und Kompromiss-bereitschaft hingegen kommt man in der Regel weiter.

Auf Ihr Handeln kommt es an

Auch wenn Sie nun das Rüstzeug dazu haben, mit Auseinandersetzungen besser umgehen zu können – Ihr eigentliches Ziel muss die Lösung des jeweiligen Konflikts sein. Mit gewonnenem Selbstvertrauen und entsprechender Unterstützung sollten Sie sich deshalb dieser Herausforderung stellen.

Gehen Sie dabei schrittweise vor. Versuchen Sie zunächst mit Ihrem Konfliktpartner (wieder) ins Gespräch zu kommen. Bauen Sie eine Beziehung auf, die eine Kommunikation möglich macht. Vergessen Sie dabei nicht, sich auf Ihr Gegenüber einzustellen. Reden Sie miteinander. Seien Sie kompromissbereit und ziehen Sie unter Umständen auch einen unabhängigen Vermittler hinzu. Treffen Sie letztendlich eine Entscheidung, die eine Beendigung des Konflikts möglich macht.

Ob Sie dann mit Zuversicht in die Zukunft schauen können, liegt nicht zuletzt auch an einer abschließenden Nachbereitung des Konflikts. Denken Sie daran: Bevor Sie eine Auseinandersetzung als wirklich abgeschlossen ansehen, sollten Sie die durchlebten Situationen verarbeitet haben.

Angriff oder Flucht

Im Umgang mit Konflikten reagiert jeder Mensch anders. Für die einen gilt ein Problem als Herausforderung, für die anderen als eine Katastrophe. Das Spektrum möglicher Verhaltensweisen ist dementsprechend breit gefächert und reicht vom rücksichtslosen Angriffs- bis hin zum übereilten Fluchtverhalten.

Häufig sind die Reaktionen spontan und führen zu keiner tragfähigen Lösung. Manchmal zielen sie lediglich darauf ab einseitige Interessen durchzusetzen. In anderen Fällen wiederum dienen sie der vorübergehenden Bewältigung negativer Emotionen und drücken letztlich nur Angst oder Enttäuschung, Verzweiflung oder Wut aus.

Was Sie vermeiden sollten

Auch wenn Sie bequem und weit verbreitet sind: Verhaltensweisen, die bei der Regelung von Auseinandersetzungen auf einen schnellen Erfolg abzielen, sollten Sie kritisch hinterfragen. Nicht selten tragen nämlich entsprechende Patentrezepte dazu bei, das Konfliktgeschehen weiter anzuheizen und eine wirklich konstruktive Lösung zu verhindern.

Bevor Sie die Möglichkeiten eines angemessenen Umgangs mit Konfliktsituationen kennen lernen, sollten Sie sich zunächst mit den problematischen Formen des Konfliktverhaltens auseinandersetzen. Vielleicht kommen Ihnen dabei einige der beschriebenen Einstellungen und Reaktionen durchaus bekannt vor. Ist dies der Fall, so denken Sie darüber nach, ob es zur Beilegung Ihres Konflikts nicht aussichtsreichere Handlungsalternativen gibt. Sollten Sie entsprechende Tendenzen im Verhalten eines Ihrer Kollegen erkennen, so suchen Sie eine Gelegenheit, um ihn vor den Nachteilen eines unangemessenen Umgangs mit Konflikten zu warnen.

Bagatellisieren

Wer Konflikte nicht wirklich zur Kenntnis nehmen will, versucht ihre Bedeutung herunterzuspielen und zu bagatellisieren. „Das kenne ich schon", und andere Aussagen gelten als Rechtfertigung dafür, dass Spannungen im Hinblick auf ihr Ausmaß oder ihre Brisanz verharmlost werden. Ein seriöser Umgang mit möglichen Erklärungs- und Lösungsansätzen erscheint nicht so wichtig oder wird auf einen späteren Zeitpunkt verschoben.

Während das Konfliktgeschehen von der einen Seite bagatellisiert wird, schreitet womöglich die Eskalation der Situation fort. Kommt es dann doch zu einer Konfrontation, ist die Gegenseite bereits bestens vorbereitet.

Ignorieren

Wer glaubt, er könne Konflikten aus dem Wege gehen, wird weder Interessenunterschiede noch Meinungsverschiedenheiten zur Kenntnis nehmen. Das Motto „Was ich nicht weiß, macht mich nicht heiß", scheint eine solche Einstellung zu rechtfertigen. Obwohl das Umfeld eine Eskalation der Situation kommen sieht, wird bewusst versucht, den Konflikt auszusitzen oder zu verdrängen.

Die Zeit heilt manche Wunden, löst aber keine Probleme. Anders ausgedrückt: Nur in wenigen Fällen erledigen sich Konflikte von selbst – der überwiegende Teil aller Auseinandersetzungen nimmt erst durch beherztes Eingreifen Dritter eine positive Wendung.

Instrumentalisieren

Wer an einer Auseinandersetzung beteiligt ist, wird seinen Standpunkt vertreten und versuchen, sich zu behaupten oder durchzusetzen. Darüber hinaus besteht aber auch die Möglichkeit, den Konflikt – unabhängig von möglichen Erfolgsaussichten – im Sinne der eigenen Interessen zu instrumentalisieren.

Die Erkenntnis „Wenn Zwei sich streiten, freut sich der Dritte", scheint manche Unbeteiligte zu verführen, aus einem Konflikt Vorteile für die eigene Person zu ziehen. Dies kann so weit gehen, dass Spannungen – in der Hoffnung auf die Niederlage eines konfliktbeteiligten Konkurrenten – noch weiter angeheizt werden.

Soll ein Konflikt in dieser Weise instrumentalisiert werden, wird die Konfliktpartei unterstützt, die voraussichtlich als Sieger hervorgeht, und nicht etwa die, auf deren Seite man inhaltlich stünde. Wer als unbeteiligter Kollege plötzlich lautstark zugunsten eines potenziellen Konfliktgewinners Partei ergreift, erweckt nicht ganz grundlos den Eindruck, dessen Erfolgschancen zum eigenen Vorteil nutzen zu wollen.

Wer Konflikte in dieser Weise nutzt, muss damit rechnen, in Zukunft selber zum Spielball anderer Interessen zu werden.

Rationalisieren

Wer einen Konflikt bis ins letzte Detail erklären möchte, versucht dem Problem vor allem durch Kopfarbeit näher zu kommen. Die Analyse des Konfliktgeschehens beschränkt sich zumeist auf vernunftbezogene Aspekte. Gefühle – nicht immer einzuschätzen und nur schwer zu beeinflussen – werden lediglich als unwägbare Begleiterscheinungen zur Kenntnis genommen. Derart sachlich und nüchtern reagiert, wer Emotionen oder soziale Einflüsse weitestgehend ausblendet.

Eine solch verkürzte Sichtweise führt dazu, dass egoistische und irrationale Motive als wichtige Triebfedern zwischenmenschlicher Auseinandersetzungen verborgen bleiben. Gerade aber in Sympathien und Antipathien, in der Angst vor Unbekanntem oder auch in verletzten Eitelkeiten liegen wichtige Ansatzpunkte zur Klärung von Konflikten.

Regredieren

Wer seine Möglichkeiten zur Lösung eines Konflikts weitestgehend ausgeschöpft hat, der greift zu guter Letzt auf Verhaltensweisen zurück, die er als Kind schon erfolgreich eingesetzt hat.

Trotzig sein wie ein Kind – diese Reaktion spielt durchaus auch bei Konflikten zwischen berufstätigen Erwachsenen eine Rolle. So etwa das lautstarke Auftreten des Vorgesetzten als kämpferischer Junge oder das Weinen der Sekretärin als kindliche Reaktion der Frau. Auch das erboste Türenschlagen nach einer Diskussion entspricht oft eher der Reaktion kindlicher Hilflosigkeit als der einer erwachsenen Persönlichkeit.

Wer als Erwachsener bei einer Auseinandersetzung mit Kollegen kindliche Verhaltensmuster aktiviert, darf sich nicht wundern, wenn er sich nicht durchsetzen kann. Wer alleine mit Lautstärke oder auf dem Weg des Mitleids einen Konflikt am

Arbeitsplatz lösen möchte, hat die Brisanz vieler Intrigen und Machtkämpfe nicht wirklich erkannt.

Resignieren

Wer darauf verzichtet, auf das Konfliktgeschehen einzuwirken, fühlt sich hilflos und unterlegen. Während der Klügere nach-, aber nicht aufgibt, zeigen Sie mit einer resignierten Haltung, dass Sie die Konfliktsituation als aussichtslos wahrnehmen. Die Chance sich zu behaupten, wird als so gering eingestuft, dass sich Einsatz und Mühe gar nicht erst lohnen. Wer so denkt, hat nicht nur in der Sache, sondern auch im Ansehen verloren.

In manchen Fällen kann ein solcher Rückzug jedoch zu problematischen Nebenfolgen führen. Dann nämlich, wenn eine Flucht in Alkohol oder Arbeit helfen soll, die als Schmach empfundene Niederlage zu ertragen. Durch Resignation wird kein Konflikt aus der Welt geschafft – es wird ihm nur für eine bestimmte Zeit ausgewichen. Schlimmer noch: Schon bald kann ein resignierter Rückzug in die soziale Isolation führen und damit ein neues Konfliktfeld eröffnen.

Tolerieren

Wer darauf verzichtet, bei einem strittigen Thema Stellung zu beziehen und eigene Interessen einzubringen, toleriert eine andere Sicht- oder Vorgehensweise. Wenn Sie für konträre Auffassungen und Positionen in übergroßem Maße Verständnis zeigen, kann aus bloßer Toleranz auch eine ungewollte Akzeptanz werden.

Doch Vorsicht: Dieser Umgang mit Konflikten mag vordergründig positiv erscheinen. Wer jedoch konfliktscheu ist und sich selbst ständig zurücknimmt, verliert die eigenen Ziele aus den Augen. Ohne es zu wollen, signalisiert man, dass man nicht zuständig oder eben unfähig ist – über kurz oder lang wird man mit dieser Haltung zum Verlierer.

Was Sie tun können

Damit Sie Konfliktsituationen erfolgreich meistern können, sollten Sie Ihr gesamtes Verhaltensrepertoire nutzen. Im Folgenden finden Sie einige Möglichkeiten, wie Sie angemessen mit Konflikten umgehen können.

Legen Sie das Problem offen

Thematisieren Sie das Problem – auch dann, wenn dies für alle Beteiligten mit schmerzlichen Erfahrungen verbunden ist. Indem Sie Ihr Gegenüber vorbehaltlos mit den Ursachen des Konflikts oder auch Ihren Gefühlen konfrontieren, machen Sie deutlich, dass Sie an einer ernsthaften Konfliktlösung interessiert sind.

Doch Vorsicht: So sinnvoll es nüchtern betrachtet auch sein mag, Probleme und ihre Ursachen ehrlich zu thematisieren – Sie können damit leicht auch jemanden verletzen. Denken Sie deshalb auch darüber nach, wie Sie das Problem auf den Tisch bringen, ohne jemanden zu kränken.

Setzen Sie sich durch

Sorgen Sie mit allem Nachdruck dafür, dass Ihr Standpunkt die gewünschte Akzeptanz findet. Ihre Erfahrung, Position und Ihr Wissen werden Ihnen dabei helfen.

Doch Vorsicht: Nicht selten kommt eine Konfliktregelung, die auf Druck oder durch Machteinfluss erreicht wurde, einem Pyrrhussieg gleich und auch ein Erfolg wird Sie kaum voranbringen.

Ändern Sie das Thema des Konflikts

Ändern Sie das dem Konflikt zugrunde liegende Thema. Definieren Sie ein anderes und damit neues Problem. So überraschen Sie Ihr Gegenüber und nehmen ihm das zentrale Angriffsziel – seine Argumente verlieren an Überzeugungskraft und er wird gezwungen, seine Vorgehensweise neu auszurichten.

Während etwa Ihr Vorgesetzter die Einsatzbereitschaft moniert, weisen Sie – ruhig, aber immer wieder – auf die fehlende Kooperationsbereitschaft in der Abteilung hin. Gelingt es Ihnen, sich auf diese Weise Gehör zu verschaffen, können Sie von einer auf Ihre Person bezogenen Kritik zu einer konstruktiven Auseinandersetzung über die bisherigen Formen der Zusammenarbeit überleiten – und Sie haben gewonnen.

Betonen Sie gemeinsame Interessen

Spielen Sie bestehende oder mögliche Differenzen herunter. Betonen Sie vergleichbare Erfahrungen und appellieren Sie an gemeinsame Interessen. Machen Sie deutlich, wie sehr Sie bemüht sind, Ihre Vorstellungen mit denen Ihres Gegenübers in Einklang zu bringen. So können Sie die Wogen glätten und auf einen Kompromiss hinwirken.

Achten Sie freilich darauf: Ihre Position in dieser Auseinandersetzung bleibt davon (zunächst) unberührt, auch wenn Sie Gemeinsamkeiten betonen.

Erwecken Sie den Eindruck, es gäbe Alternativen

Hören Sie ruhig zu und zeigen Sie durch gezielte Fragen (z. B. „Weshalb sind Sie eigentlich der Meinung, dass ...") Ihr besonderes Interesse. Erwecken Sie den Eindruck, Ihnen würden verschiedene Handlungsalternativen zur Verfügung stehen. Auch wenn dies nicht zutrifft – bei Ihrem Gegenüber sorgen Sie mit Sicherheit für ein Überdenken der eigenen Position.

Bringen Sie mögliche Verbündete ins Spiel

Berufen Sie sich darauf, dass Ihr Standpunkt nicht alleine von Ihnen, sondern in weit stärkerem Maße durch bestehende Abhängigkeiten bestimmt wird. Damit bringen Sie mögliche Verbündete ins Spiel. Können Sie bei Ihrem Gegenüber dadurch den Eindruck erwecken, Sie seien in ein Netzwerk gegenseitiger Verpflichtungen eingebunden, so wird es ihm nicht mehr so leicht fallen, Sie persönlich anzugreifen.

Treten Sie den Rückzug an

Um nicht in weitere Streitereien verwickelt zu werden, verlassen Sie das Konfliktfeld. Folgen Sie dem Motto „Der Klügere gibt nach", und treten Sie langsam den Rückzug an.

Doch Vorsicht: Vermeiden Sie ein Fluchtverhalten – dieses zeugt eher von Schwäche und Unsicherheit. Ziehen Sie sich deshalb nur schrittweise zurück.

Bauen Sie eine persönliche Beziehung auf

Nicht selten wären Konflikte zu lösen, wenn die Beteiligten sich aufeinander einlassen würden. Ihr Verhältnis wird häufig von unterschiedlichen – nicht selten auch gegensätzlichen – Erwartungen und Wertvorstellungen bestimmt. Um dieses Konfliktpotenzial erfolgreich abbauen zu können, ist eine persönliche Beziehung zwischen den Konfliktparteien unerlässlich.

Bleiben Sie in Kontakt

Auch wenn Sie über Ihre Kollegen oder Vorgesetzten noch so enttäuscht oder verärgert sind, versuchen Sie, den bestehenden Kontakt nicht abreißen zu lassen. Dem Ziel, bei Ihrem Gegenüber Gehör zu finden, kommen Sie nur dann näher, wenn Sie in Kontakt bleiben.

Ziehen Sie sich zurück oder brechen gar die Beziehung ab, so sind Sie zu einer fast vollständigen Handlungsunfähigkeit verurteilt: Sie können dann weder einer weiteren Eskalation des Konflikts entgegenwirken noch etwas für eine mögliche Lösung tun.

Sollten Sie nur noch schriftlich miteinander kommunizieren, so nehmen Sie den persönlichen Kontakt wieder auf. „Wir haben uns nichts mehr zu sagen", und andere Ausflüchte zählen nicht – selbst nach erbittert geführten Kriegen erfolgen Friedensverhandlungen von Angesicht zu Angesicht.

Lassen Sie sich nicht täuschen

Landläufig werden gute Beziehungen mit Harmonie und Übereinstimmung gleichgesetzt. Doch selbst wenn man sich in allen Fragen einig ist, eine Garantie für ein konfliktfreies Miteinander ist das noch nicht. Seien Sie skeptisch, wenn jemand behauptet, es gäbe keine Differenzen. Häufig ist das Gegenteil der Fall: Um einen guten Eindruck zu erwecken, werden Meinungsverschiedenheiten nicht zur Kenntnis genommen und Unstimmigkeiten ignoriert.

Bringen Sie Vernunft und Emotion ins Gleichgewicht

Wenn Sie einen Konflikt beeinflussen wollen, müssen Sie sich darum bemühen, Ihr Gegenüber zu akzeptieren und seine Sichtweise zu verstehen. Versuchen Sie, Vernunft und Emotionen ins Gleichgewicht zu bringen, Sach- und Beziehungsaspekte auseinander zu halten. Nehmen Sie deshalb die folgenden Hinweise ernst:

- Ein Zuviel an Emotionen kann Ihr Urteilsvermögen beeinträchtigen.

- Ein Mangel an Emotionen kann Ihre Motivation und das gegenseitige Verständnis verringern.

- Lernen Sie Emotionen – die eigenen wie die der anderen – zu erkennen.

- Stellen Sie sich auf Emotionen – die eigenen wie die der anderen – ein.

- Reagieren Sie nicht gleich emotional; behalten Sie einen klaren Kopf.

Seien Sie vertrauenswürdig

- Gibt es Gründe, dass man Ihnen misstrauen könnte? Wenn ja, ändern Sie Ihr Verhalten und werden Sie vertrauenswürdiger!

- Täuschen sich die anderen Konfliktbeteiligten in Bezug auf Ihre Vertrauenswürdigkeit? Wenn ja, bieten Sie Ihnen die Möglichkeit, Ihr Verhalten als vertrauenswürdig wahrzunehmen!

Strategien der Konflikthandhabung

Sie üben Druck aus.	besser ist	Sie versuchen zu überzeugen.
Sie greifen den anderen persönlich an.	besser ist	Sie stellen das Problem in den Mittelpunkt.
Sie versuchen selbst zu gewinnen und den anderen zu vernichten.	besser ist	Sie suchen einen gemeinsamen Weg zur Lösung des Problems.
Sie legen sich bei Ihrer Meinungs-/Urteils-bildung zu früh fest.	besser ist	Sie sind für Argumente, die Sie überzeugen, auch weiterhin offen.
Sie sind auf bestimmte Positionen festgelegt.	besser ist	Sie bekunden auch für andere Sichtweisen Interesse.
Es gibt für Sie nur ein Entweder-Oder, die Möglichkeiten sind damit begrenzt.	besser ist	Es gibt für Sie ein Mehr- oder- Weniger, also eine breite Palette von Möglichkeiten.
Sie versuchen, den Willen des anderen zu brechen.	besser ist	Sie versuchen, den anderen mit Sachargumenten zu überzeugen.
Sie setzen den anderen unter Druck (z. B. Zeitdruck) und lassen ihm keine Rückzugsmöglichkeiten.	besser ist	Sie kommen dem anderen entgegen, so dass er ohne Gesichtsverlust seine Position verändern kann.

- Fordern Sie bei den anderen Konfliktbeteiligten Misstrauen heraus? Wenn ja, helfen Sie ihnen Vertrauen zu gewinnen!

- Sind Sie persönlich enttäuscht? Wenn ja, gründen Sie Ihre Meinung nicht auf einem moralischen Urteil, sondern auf einer nüchternen Situationsanalyse!

Verzichten Sie darauf, Druck auszuüben

Druck ist für eine konfliktfreie Beziehung niemals zuträglich. Je mehr Sie Ihren Konfliktgegner unter Druck setzen, umso unwahrscheinlicher wird eine für alle Seiten befriedigende Lösung. Druck kann kurzfristig vielleicht zu gewünschten Ergebnissen führen, auf mittlere Sicht wird das Interesse an einer gemeinsamen Lösung jedoch abnehmen.

Stellen Sie sich auf Ihr Gegenüber ein

Konflikte entzünden sich immer auch an der Persönlichkeit und den Eigenheiten einzelner Menschen. Kollegen und Mitarbeiter, aber auch Vorgesetzte richtig einschätzen zu können, gibt deshalb am Arbeitsplatz ein Gefühl von Sicherheit.

Für den Umgang mit den meisten Menschen reicht in der Regel etwas Beobachtungsgabe und Menschenkenntnis aus. Ihr besonderes Einfühlungsvermögen sollte allerdings den Chefs und Kollegen gelten, von denen Sie annehmen müssen, dass sie in konfliktträchtigen Situationen zu Ihrem Gegenüber werden.

Lernen Sie Persönlichkeitstypen kennen

Wer die verschiedenen Persönlichkeitstypen kennt, wird sich im Umgang mit seinen Mitmenschen leichter tun, denn er kann sich auf mögliche Eigenheiten unliebsamer Zeitgenossen besser einstellen.

Eines sollten Sie dabei freilich nie vergessen: Jeder Mensch ist einzigartig. Rechnen Sie also nicht damit, dass Ihnen die folgenden Persönlichkeitstypen in reinster Form begegnen. Jedes Verhalten orientiert sich an konkreten Anlässen und bestimmten Situationen, kann sich also jederzeit verändern. Kategorisierungen von Persönlichkeiten erwecken oft den Eindruck, Verhalten sei eine unabänderbare Größe. Dies ist jedoch ein Trugschluss: Die meisten Menschen – also auch Ihr Chef und Ihre Kollegen – reagieren keineswegs immer einsichtig und folgerichtig. Häufiger als dies entsprechende Typologien glauben machen, lassen auch Sie sich von Stimmungen und den Einflüssen der Umgebung leiten.

Die folgenden vier Persönlichkeitstypen sollten Sie kennen, damit Sie sich auf die jeweiligen Eigenarten einstellen können:

- der Selbstdarsteller,
- der Perfektionist,
- der Unnahbare,
- der Harmoniesüchtige.

Der Selbstdarsteller

Der Selbstdarsteller ist in erster Linie handlungs- und sachorientiert. Er scheut sich nicht, im Mittelpunkt der Aufmerksamkeit zu stehen – im Gegenteil, er tut fast alles dafür, Beachtung zu finden.

Der Selbstdarsteller schlüpft – eher unbewusst, als wohlüberlegt – zu diesem Zweck in verschiedene Rollen. Als Choleriker etwa schüchtert er seine Mitmenschen durch Temperamentsausbrüche und Tobsuchtsanfälle ein. Der Blender wiederum versucht Kollegen und Vorgesetzte effektvoll zu beeindrucken, um so über seine Inkompetenz hinwegzutäuschen; dabei ist ihm nahezu jedes Mittel recht. Insbesondere in Führungsetagen ist außerdem der Feldherr zu Hause: Sein Führungsstil ist autoritär und steht zunehmend häufiger im Widerspruch zu einer zeitgemäßen Mitarbeitermotivation. Alle diese Rollen sollen beeindrucken und die eigenen Interessen durchsetzen.

Der Selbstdarsteller ist direkt und energisch, entschlossen und selbstbewusst. Er sieht sich als Macher und geht deshalb keinem Konflikt aus dem Weg. Im Gegenteil: Ist das Risiko kalkulierbar, scheut er sich nicht die Initiative zu ergreifen und die Auseinandersetzung zu suchen. Der Selbstdarsteller ist ungeduldig. Bedenken und Einwände, langatmige Ausführungen und detaillierte Erklärungen bremsen seinen Elan und zwingen ihn zum Handeln. Persönliche Angriffe verletzen den Selbstdarsteller und steigern eher das Konfliktpotenzial.

Was Sie tun können

Wer sich Selbstdarstellern bei der Suche nach Anerkennung in den Weg stellt oder ihnen den Erfolg streitig macht, zählt schnell zu ihren Feinden. Vermeiden Sie in diese Rolle zu geraten: Die Tatsache, dass er an Auseinandersetzungen gewöhnt und schnell bereit ist, auf Fairness und Rücksichtnahme zu verzichten, macht ihn zu einem wenig kompromissbereiten Gegner.

Der Perfektionist

Der Perfektionist gehört zu den weniger emotionalen Menschen. Er ist nüchtern und sachlich, eher phantasielos und zurückhaltend. Er versucht den Dingen auf den Grund zu gehen, nimmt es dabei jedoch manchmal etwas zu genau. Der Perfektionist ist mitunter etwas stur und scheut zumeist das Risiko. Dies führt dazu, dass er gerne auf seiner Sicht der Dinge beharrt und sich gegenüber Veränderungen ablehnend verhält.

Um Entscheidungen zu treffen, braucht der Perfektionist neben unzähligen Informationen auch die notwendige Zeit zur genauen Analyse. Aus Angst vor nicht kalkulierbaren Folgen zieht er es vor, Entscheidungen auszuweichen. Damit wird er zum Aussitzer. In manchen Fällen erscheint der Perfektionist auch in der Rolle des detailverliebten Pedanten. Dessen Genauigkeit und Kontrollsucht stehen oft im Gegensatz zur Kreativität und Spontanität innovativer Kollegen. Nicht selten entpuppt er sich auch als Besserwisser. Immun gegenüber

Ratschlägen ist er der Meinung, als Einziger Bescheid zu wissen. Unbeirrt hält er an seiner Sicht der Dinge fest und erwartet, dass die von ihm gemachten Vorschläge umgesetzt werden.

Der Perfektionist versteht sich als Experte. Er braucht Orientierungspunkte und liebt deshalb auch klare Regeln. Sein besonderes Sicherheitsbedürfnis lässt ihn schnell zum Kontrolleur werden. Er interessiert sich für jedes Detail Ihrer Tätigkeit und fragt ständig nach dem aktuellen Stand Ihrer Arbeit. Der Perfektionist ist zugleich Analytiker und schenkt logischen Argumenten in der Regel mehr Aufmerksamkeit als emotionalen Stimmungen.

Was Sie tun können

Für den Berufsalltag wie auch den konkreten Konfliktfall gilt: Seien Sie stets gut vorbereitet, wenn Sie auf einen Perfektionisten treffen. Er scheut sich nämlich nicht, Organisationsdefizite und Wissenslücken aufzudecken und die dafür Verantwortlichen auch zu benennen. Der Perfektionist fühlt sich wohl, wenn er sich auf einer sachlichen Ebene bewegen kann – und dabei Recht behält. Versuchen Sie nicht ihn zu belehren – er ist in der Regel bestens informiert. Auch plötzliche Gedankensprünge oder spontane Entscheidungen sollten Sie möglichst unterlassen – Überraschungen kommen für den Perfektionisten einer Bedrohung gleich und schaffen nur zusätzliches Konfliktpotenzial.

Der Unnahbare

Der Unnahbare zählt zu den Menschen, die soziale Nähe meiden. Er zeigt nur wenig Emotionen und wirkt eher etwas kühl, manchmal auch arrogant. Seine distanzierte Art vermittelt schnell den Eindruck einer strategisch handelnden Person – auch wenn dies nur selten der Fall ist. Als Einzelgänger bleibt er gerne im Hintergrund. Gerät er unter Druck, zieht er sich häufig ganz zurück. Dies macht es schwer, ihn in Arbeitsgruppen und Projektteams zu integrieren. Ist er Vorgesetzter, so geht eine Zusammenarbeit kaum ohne Konflikte ab. Vor allem Informationslücken lassen eine reibungslose Kommunikation mit einem derart distanzierten Chef eher zur Ausnahme werden.

Der Unnahbare ist nur schwer einzuschätzen: „Stille Wasser sind tief", diese Erkenntnis gilt gerade auch für ihn. Hüten Sie sich deshalb davor, ein vorschnelles Urteil über ihn zu fällen. Die Gefahr, den Unnahbaren zu unter- oder zu überschätzen ist groß. Das Wissen darum gibt dem Unnahbaren eine gewisse Stärke.

Was Sie tun können

Versuchen Sie nicht, den Unnahbaren zu bedrängen. Kommen Sie ihm zu nahe, reagiert er ausgesprochen ungehalten. Akzeptieren Sie deshalb sein Revier. Schaffen Sie Möglichkeiten, um spontan und ungeplant mit ihm kommunizieren zu können. Lassen Sie ihn aber darüber entscheiden, wann er auf Sie zukommt, und vertrauen Sie darauf, dass er dies auch tut.

Der Harmoniesüchtige

Der Harmoniesüchtige zeigt sich als besonders emotionaler Mensch. Er ist kommunikativ und mitteilsam, kann aber auch zuhören. Stärker als andere ist er von der Atmosphäre und den Stimmungen am Arbeitsplatz abhängig. Auseinandersetzungen geht er aus dem Weg. Sein Harmoniebedürfnis begründet das starke Bemühen um ein gutes Verhältnis zu Kollegen und Vorgesetzten. Dabei macht ihn seine entgegenkommende und geduldige Art zu einem umgänglichen Mitmenschen. Für eine harmonische Beziehung ist er auch bereit, die eigenen Ziele zu opfern.

Doch dem Harmoniesüchtigen geht es nur selten um die Sache, wichtiger sind ihm dagegen gute Arbeitsbeziehungen und ein angenehmes Betriebsklima. Probleme werden dabei schon mal unter den Teppich gekehrt.

Nur in einer vertrauten Umgebung und im Kreis seiner Kollegen findet er die notwendige Geborgenheit. Cliquenbildung und Kumpanei sind ihm darum auch nicht fremd. Bekommt er keine emotionale Zuwendung, wird er unausstehlich. Sein starkes Sicherheitsbedürfnis verhindert, dass er sich neuen und unbekannten Dingen gegenüber öffnet. Veränderungen, die seine Gewohnheiten und das Verhältnis zu seinen Kollegen betreffen, lehnt er ab. Werden sie dennoch notwendig, so sind Konflikte kaum zu vermeiden.

Was Sie tun können

Jeder Versuch, Meinungsverschiedenheiten anzusprechen und im sachlichen Gespräch zu klären, stößt beim Harmoniesüchtigen an Grenzen. Vertrauen gewinnt er nur dann, wenn Sie ihn auf der emotionalen Schiene ansprechen. Eine schrittweise Annäherung an Problemsituationen und leicht nachvollziehbare Lösungswege haben in der Regel die größten Erfolgsaussichten.

Reden Sie miteinander

Kommunikation ist das Lebenselixier sozialer Beziehungen und damit die beste Möglichkeit, auf den Konfliktverlauf Einfluss zu nehmen. Versuchen Sie deshalb (wieder) miteinander ins Gespräch zu kommen.

Die Grundregeln erfolgreicher Kommunikation

Sollen Gespräche zu einem Abbau von Spannungen führen, so müssen Sie den Verständigungsprozess fördern. Tragen Sie deshalb dazu bei, mögliche Kommunikationsbarrieren zu überwinden. Orientieren Sie sich an den folgenden sieben Grundregeln erfolgreicher Kommunikation.

1 „Gedacht" bedeutet nicht „gesagt"

Ihre Gedanken und Hoffnungen, Sorgen und Zweifel kann niemand erahnen oder Ihnen von der Stirn ablesen.

Beispiel

Angesichts seiner angeschlagenen Gesundheit hofft Herr Meier auf etwas mehr Rücksichtnahme seines rauchenden Kollegen. „Er weiß doch genau, wie sehr mich dieser Qualm stört", denkt er und beschwert sich. Sein Kollege hingegen ist sich der Belästigung überhaupt nicht bewusst, hat Herr Meier – um keinen Ärger heraufzubeschwören – doch bislang geschwiegen. Gedacht ist eben nicht gesagt.

Überlegen Sie also, was Sie Ihrem Gegenüber mitteilen wollen, dann aber sprechen Sie aus, was Sie denken und empfinden. Erst wenn Sie Ihre Gedanken und Gefühle transparent machen, kann sich Ihr Gegenüber auf Sie einstellen. Auch von Ihrem Konfliktgegner können Sie dann erwarten, dass er sich von seiner menschlichen Seite zeigt. Selbst auf die Gefahr hin, dass Sie eine größere Angriffsfläche bieten – indem Sie Ihr Gegenüber veranlassen, sich auf Ihre Äußerungen einzustellen und entsprechend zu reagieren, liegen die Vorteile letztlich in Ihrer Hand.

2 „Gesagt" bedeutet nicht „gehört"

Im Beisein anderer Kollegen oder unter Zeitdruck finden Sie kaum eine Chance, wirkliche Aufmerksamkeit zu erhalten und sich Gehör zu verschaffen.

Beispiel

Als Herr Karl seinen Kollegen auf das Gerücht über eine bevorstehende Umstrukturierung der Firma anspricht, ist dieser schon auf dem Weg ins Wochenende. „Sie haben mir am Freitag davon erzählt", entschuldigt er sich zu Beginn der neuen Woche, „aber ich habe gar nicht so richtig hingehört – meine Frau wollte mich doch abholen und ich war sowieso schon spät dran." Gesagt bedeutet eben noch lange nicht gehört.

Wählen Sie also die Gelegenheit für ein Gespräch mit Bedacht; insbesondere dann, wenn es um die Klärung von Missverständnissen oder Problemen geht. Situation und Zeitpunkt eines Gesprächs haben entscheidenden Anteil daran, ob das vorgebrachte Anliegen überhaupt zur Kenntnis genommen wird.

3 „Gehört" bedeutet nicht „verstanden"

Selbst wenn Ihre Botschaft zu hören ist, wird sie nicht immer verstanden.

Beispiel

Die Werbeabteilung einer kleinen Firma soll immer mehr Werbeprodukte selbst herstellen. Das Know-how dazu ist zwar da, aber es fehlt an technischer Ausrüstung. Die Mitarbeiter versuchen ihrem Abteilungsleiter, der technisch nicht sehr versiert ist, zu erklären, warum ein neuer leistungsfähiger Computer notwendig ist, um die erwarteten Arbeiten auch professionell ausführen zu können. Seine Antwort: „Na, Sie können ja auch mal ein paar Überstunden machen." Gehört bedeutet eben nicht unbedingt verstanden.

Versuchen Sie deshalb nicht, durch Expertensprache und Fachausdrücke zu beeindrucken. Orientieren Sie sich an der Bereitschaft und den Möglichkeiten, die Ihr Gesprächspartner hat, um Ihre Aussagen inhaltlich nachvollziehen zu können. Denken Sie daran, dass nicht jeder so engagiert bei der Sache ist wie Sie. Geben Sie Ihrem Gegenüber die Gelegenheit nachzufragen. Scheuen Sie sich nicht, Wichtiges zusammenzufassen und noch einmal zu wiederholen.

4 „Verstanden" bedeutet nicht „einverstanden"

Auch wenn Ihre Aussage verstanden wird – Ihr Gegenüber kann durchaus anderer Meinung sein.

Beispiel

„Wenn Kunden die Verkaufsräume betreten und womöglich warten müssen, beenden Sie bitte umgehend Ihr Telefongespräch", erläutert Herr Pfeffer seinen zwei Auszubildenden die Regeln einer verbesserten Kundenorientierung. „Ja, wird gemacht", bestätigen die beiden Lehrlinge. Insgeheim aber hoffen sie, bei künftigen Telefonaten nicht gleich erwischt zu werden. Verstanden bedeutet nämlich keineswegs immer auch einverstanden.

Verzichten Sie darauf Druck auszuüben – versuchen Sie zu überzeugen. Belegen Sie Ihre Argumente mit Zahlen, Daten und Fakten. Seien Sie glaubwürdig und konsequent. Unterstreichen Sie Ihre Position durch Auftreten und Verhalten. Fragen Sie Ihr Gegenüber direkt und auf den Punkt gebracht, ob Sie von seiner Zustimmung ausgehen können.

5 „Einverstanden" bedeutet nicht „behalten"

Eine spontane Zustimmung kann im Alltagsstress des nächsten Tages schon wieder vergessen sein.

Beispiel

Frau Reiter ist im Stress. Sie hat so viel zu tun, dass sie gar nicht bemerkt, wie oft sie zur Zigarette greift. „Haben Sie unsere Vereinbarung zum Rauchen im Büro denn ganz vergessen?" faucht sie ihre Kollegin an. Einverstanden bedeutet nicht automatisch auch behalten.

Klären Sie, ob sich Ihr Gegenüber auch noch ein paar Tage später an die getroffene Vereinbarung erinnert und ihr noch immer zustimmt. Sollte es sinnvoll sein, so halten Sie die mündlich geäußerte Zustimmung mit Einverständnis Ihres Gegenübers schriftlich fest.

6 „Behalten" bedeutet nicht „angewendet"

Nicht jede Absichtserklärung führt zu einer konkreten Umsetzung.

Beispiel
Ein Kunde beschwert sich. Der neue Mitarbeiter weiß genau, dass es das Beste ist dem Kunden entgegenzukommen. Zugleich wird ihm bewusst, dass er das Reklamationsgespräch im Beisein seiner Kollegen führen muss. „Was mache ich nur, wenn dieser schwierige Kunde noch aggressiver wird und die Situation eskaliert?" Die Angst vor einem Streitgespräch und einer möglichen Blamage hält ihn davon ab sein Wissen in praktisches Handeln umzusetzen. Das Wissen, was zu tun ist, in einer konkreten Situation auch anzuwenden, ist oft schwieriger als man denkt.

Sorgen Sie bei der Lösung eines Konflikts nicht nur für gemeinsame Regelungen, sondern auch für deren Umsetzung – und überprüfen Sie diese. Bedenken Sie mögliche Vorbehalte und Widerstände. Helfen Sie diese zu überwinden.

7 „Angewendet" bedeutet nicht „verändert"

Die Umsetzung einer konkreten Vereinbarung muss nicht dazu führen, dass sich das Konfliktpotenzial dauerhaft verändert.

Beispiel
Frau Trojan fühlt sich überfordert. Immer wieder werden ihr Arbeiten angetragen, für die sie sich gar nicht qualifiziert fühlt: Berechnungen und Kostenkalkulationen waren nie ihre Stärke. Um möglichem Ärger aus dem Weg zu gehen, lehnt sie diesmal die Arbeit ab. Ob sie jedoch auch in Zukunft Nein sagen wird und bereit ist, einen Konflikt einzugehen, weiß sie nicht. Eine einmalige Aktion garantiert eben noch keine dauerhafte Veränderung.

Erinnern Sie Ihr Gegenüber in bestimmten Zeitabständen an die getroffene Vereinbarung. Treten Sie dabei nicht als Lehrmeister auf und vermeiden Sie den erhobenen Zeigefinger. Besser kommt es an, wenn Sie die zur Einhaltung der gemeinsamen Regeln gemachten Anstrengungen Ihres Gegenübers durch besondere Aufmerksamkeit und Anerkennung positiv verstärken.

Auf Ihren Kommunikationsstil kommt es an

Überlegen Sie, ob ein persönlicher Umgangston hilft das Gespräch aufzulockern. Es kann sehr abschreckend auf Ihren Gesprächspartner wirken, wenn Sie allzu formal nur auf Vorschriften verweisen. Klären Sie, ob in Ihrer Situation eine informelle und lockere Form des Gesprächs nicht erfolgversprechender sein kann.

Steuern Sie das Gespräch

Wer ein Gespräch lenkt, bestimmt mehr oder weniger auch seinen Inhalt und Verlauf. Seien Sie darum aktiv und geben Sie die Themen vor. So können Sie Schwerpunkte setzen und diese nach eigenem Ermessen vertiefen oder auch wechseln.

Doch übertreiben Sie nicht! Versuchen Sie nicht das Gespräch zu dominieren, Ihr Gegenüber wird sonst die Lust an einer Unterhaltung mit Ihnen schnell verlieren. Eine Folge davon kann sein, dass Sie wesentliche Informationen für Ihre Entscheidungsfindung nicht mehr erhalten. Achten Sie also darauf, dass das Gespräch nicht einseitig verläuft. Lassen Sie auch Ihre(n) Gesprächspartner zu Wort kommen.

Sagen Sie, was Sie meinen

Soll sich der Aufbau einer persönlichen Beziehung positiv auf das Konfliktgeschehen auswirken, so hilft es nicht, wenn Sie Ihrem Kollegen Anteilnahme und Zuwendung heucheln, obwohl Sie ihn eigentlich nicht ausstehen können. Gespielte Gefühle und unehrliches Verhalten machen misstrauisch und wecken Vorbehalte.

Dies darf jedoch nicht dazu führen, dass Sie – um niemanden zu verletzen – ein ehrliches und offenes Wort scheuen. Deshalb gilt: Meinen Sie, was Sie sagen – und sagen Sie auch, was Sie meinen!

Beispiel
Der Chef schmückt sich mit dem Erfolg des von seinem Assistenten durchgeführten Projekts. Seinen Assistenten erwähnt er nur ganz am Rande. Der Assistent ist zu Recht enttäuscht. Er macht aus seinem Gefühl keinen Hehl und verschafft sich Gehör. Seine taktvoll und zum richtigen Zeitpunkt vorgebrachte Beschwerde hat Erfolg – der Chef hebt Einsatz und Leistung seines Assistenten auf der nächsten Betriebsversammlung positiv hervor.

Achten Sie jedoch darauf, dass Sie mit Ihrem Gegenüber am richtigen Ort und zur richtigen Zeit ins Gespräch kommen. In schlechter Stimmung wird dies ebenso schwierig sein wie im Beisein Dritter.

Streitgespräche sollten Sie gut vorbereiten; dies gilt sowohl für den Inhalt wie auch die Atmosphäre. Berücksichtigen Sie die genannten Ratschläge, so wird es Ihnen leichter fallen, auch mit einem schwierigen Gegenüber ins Gespräch zu kommen. Vergessen Sie jedoch nicht, das Gespräch nach Beendigung in aller Ruhe auszuwerten.

Anhand der folgenden Checkliste sollten Sie noch einmal klären, wie vertraut Ihnen die wichtigsten Dimensionen einer gelungenen Kommunikation sind.

Checkliste: gelungene Kommunikation

1	Sorgen Sie für eine angenehme Gesprächsatmosphäre? Wenn ja, wie?
2	Vermeiden Sie Schubladendenken und Vorurteile? Wenn ja, wie?
3	Stimmen Ihre sprachlichen Inhalte mit Ihrem körperlichen Ausdruck überein (z. B. Sie verschränken Ihre Arme vor der Brust, betonen aber Ihre Offenheit für eine andere Sicht der Dinge)? Wenn ja, woher nehmen Sie die Begründung für Ihre Antwort?
4	Bauen Sie Kommunikationsbarrieren ab? Wenn ja, wie?
5	Vermeiden Sie demotivierende Bemerkungen (z. B. „So etwas kann ich mir gar nicht vorstellen.")? Wenn nicht, was hindert Sie daran?
6	Führen Sie einen Monolog oder sind Sie an einem ehrlichen Austausch der Meinungen (Dialog) interessiert? Welche Form der Kommunikation überwiegt?

7	Stellen Sie Fragen und versuchen Sie wichtige Aspekte noch einmal mit Ihren eigenen Worten zusammenzufassen? Wenn nicht, was hindert Sie daran?
8	Führen Sie das Gespräch zielorientiert? Wenn ja, welches Ziel verfolgen Sie?
9	Suchen Sie in dem Gespräch einen Kompromiss? Wenn nicht, was steht diesem entgegen?
10	Halten Sie Versprechen und Zusagen ein? Wenn ja, nennen Sie ein Beispiel.

Seien Sie kompromissbereit

Natürlich können Sie stolz darauf sein, wenn Sie sich bei einer Auseinandersetzung durchsetzen. Ein solcher Erfolg kann sich jedoch auch als problematisch erweisen: Was hilft es Ihnen beispielsweise, wenn die Auseinandersetzung zu Ihren Gunsten ausgeht, Sie Ihr Gegenüber aber nicht überzeugen konnten? Nicht allzu viel, müssen Sie doch damit rechnen, dass Ihre Vorstellungen, wenn überhaupt, nur halbherzig unterstützt werden.

Schaffen Sie eine Win-Win-Situation

Was Sie brauchen, ist eine Konfliktlösung, die auch Ihr Gegenüber akzeptieren kann. Kein leichtes Unterfangen – zugegeben. Doch nur ein Kompromiss, der keine Verlierer kennt, bietet die Voraussetzungen für einen dauerhaften Frieden.

Streben Sie deshalb eine Lösung an, die beide Seiten zufrieden stellt. Auch die Konfliktpartei, die ihre Position nicht durchsetzen kann, sollte Vorteile aus der Lösung ziehen – schaffen Sie eine Win-Win-Situation.

Mediation dient dem Interessenausgleich

Eine Win-Win-Situation lässt sich nicht über den Rechtsweg herbeiführen. Auch wenn viele Konfliktparteien von gerichtlichen Entscheidungen eine gütliche Regelung Ihres Streits erwarten – wird der Rechtsapparat erst einmal tätig, so sind die Fronten schon verhärtet.

Mehr Erfolg verspricht dagegen das Verfahren der Mediation. Dieses im angloamerikanischen Sprachraum bereits erfolgreich etablierte Konzept der Interessenvermittlung durch einen neutralen Konfliktschlichter findet mittlerweile in immer mehr Wirtschaftsbereichen Resonanz.

■ Mediation ist der Versuch einer eigenverantwortlichen und freiwilligen Konfliktregelung durch die Konfliktparteien selbst. Ziel ist es, einen genauen, einvernehmlichen und zufrieden stellenden Interessenausgleich zu erarbeiten, den alle Beteiligten akzeptieren können. ■

Als neutralem Vermittler kommt dem Mediator die Aufgabe zu, die Konfliktparteien an einen Tisch zu bringen. Dabei bietet er ihnen bei der Suche nach einer kreativen Lösung des Streitfalls seine Unterstützung an.

Die Vorzüge der Mediation liegen auf der Hand: Das Prinzip von Sieg und Niederlage kann auf diesem Weg überwunden werden. Die Konfliktparteien können ihr Gesicht wahren. Persönliche Verletzungen bleiben die Ausnahme. Ganz zu schweigen von der finanziellen Entlastung, wenn die gegnerischen Parteien auf ein teures Verfahren vor dem Arbeitsgericht verzichten.

Die wichtigsten Merkmale einer gelungenen Mediation sind:

- alle Konfliktparteien werden eingebunden,

- sie beteiligen sich freiwillig,

- ein neutraler Mediator sitzt mit am Tisch,

- zwischen den unterschiedlichen Interessen wird erfolgreich vermittelt,

- die Konfliktparteien erarbeiten selbst einen Interessenausgleich,

- der Konflikt wird beigelegt.

Versetzen Sie sich in Ihr Gegenüber

Eine Win-Win-Situation können Sie nur dann erzielen, wenn Sie bereit sind, einen Kompromiss auch wirklich zu akzeptieren. Dazu müssen Sie sich aber auf Verhandlungen einlassen. Um einen solchen Aushandlungsprozess zum Erfolg zu führen, sollten Sie sich in Ihren Verhandlungspartner hineinversetzen. Versuchen Sie nicht, ihm ablehnend oder distanziert gegenüber zu treten. Auch die Bewertung von Äußerlichkeiten (z. B. Kleidung oder Haarfarbe) sowie Einstellungen und Gewohnheiten sollten Sie unterlassen.

Erfolgreich laufen Verhandlungen dann, wenn Sie Ihren Konfliktgegner respektieren, ohne dies von bestimmten Gefühlen und Meinungen abhängig zu machen. Signalisieren Sie Ihrem Gegenüber – auch wenn es Ihnen schwer fällt – Anteilnahme und emotionale Zuwendung. Das heißt: Versuchen Sie, an seinen Gefühlen teilzuhaben.

Gelingt es Ihnen sich in Ihr Gegenüber einzufühlen und das angesprochene Problem aus seiner Sicht nachzuvollziehen, so fördert dies die Offenheit und Gesprächsbereitschaft. Unter Umständen kann Ihr Konfliktpartner dann freier über sich selbst und die hinter dem Problem liegenden Bedürfnisse und Sorgen sprechen. Sie selbst gewinnen dadurch neue Sichtweisen und können das Geschehen besser beurteilen.

Verlangt wird nicht, dass Sie alle Verhaltensweisen und Einstellungen Ihres Konfliktgegners gutheißen. Das Ziel besteht vielmehr darin, ihm eine wertschätzende Aufmerksamkeit entgegenzubringen, die nicht an ein bestimmtes Wohlverhalten gebunden ist. Dies erleichtert es Ihrem Gegenüber, Vertrauen zu gewinnen und auf negative Emotionen zu verzichten.

Verhandeln ist eine Kunst

Die Suche nach einem Kompromiss ist anstrengend, erfordert sie doch ein gewisses Verhandlungsgeschick. Für Sie heißt das: Seien Sie flexibel und reagieren Sie situationsbezogen. Orientieren Sie sich an Ihrem Gegenüber – rechnen Sie mit Überraschungen und seien Sie in der Lage das eigene Verhalten zu variieren.

Die folgenden Ausführungen geben einige Beispiele, wie Sie sich in einer Verhandlungssituation verhalten können.

Warten Sie ab!

Schieben Sie Ihre Entscheidung so lange hinaus, bis Ihr Verhandlungspartner seine Vorstellungen geäußert hat. Erst dann – in Abwägung seiner Entscheidung – treffen Sie die eigene.

Doch Vorsicht: Diese Strategie erfordert starke Nerven!

Sorgen Sie für eine Überraschung!

Lassen Sie Ihren Verhandlungspartner darüber rätseln, wie Sie sich verhalten werden. Überraschen Sie dann mit einer, von Ihnen zuvor festgelegten, aber so nicht zu erwartenden Vorgehensweise. Der Überraschungseffekt verschafft Ihnen eine Verhandlungsposition, auf die sich Ihr Gegenüber erst einstellen muss.

Schlagen Sie Haken!

Beim ersten Anzeichen einer Verhärtung der Standpunkte ziehen Sie sich zurück. Wiegt sich Ihr Gegenüber in Sicherheit, bringen Sie sich sofort wieder ins Spiel. Zeigen Sie Ausdauer und wechseln Sie häufiger die Position – dies erschwert es Ihrem Verhandlungspartner, eine Strategie gegen Sie zu entwickeln.

Doch Vorsicht: Übertreiben Sie nicht! Denken Sie daran, dass auch Sie in Ihrem Gegenüber einen verlässlichen Verhandlungspartner erwarten, dessen Verhalten kalkulierbar sein sollte.

Wiegen Sie Ihr Gegenüber in Sicherheit!

Lassen Sie Rauchzeichen aufsteigen und signalisieren Sie Ihrem Verhandlungspartner – vielleicht schon im Vorfeld –, dass er mit Ihrem Entgegenkommen rechnen kann. Wiegen Sie Ihr Gegenüber dadurch in dem Glauben, schon alle notwendigen Informationen zu besitzen. In Wirklichkeit fehlen ihm jedoch noch einige entscheidende Details.

Doch Vorsicht: Sie unternehmen eine Gratwanderung zwischen taktischer Raffinesse und bewusstem Falschspiel. Rutschen Sie nicht ab – ein negatives Image kann Ihnen auf Dauer mehr schaden als der kurzfristig erzielte Vorteil.

Ziehen Sie sich zurück!

Sobald Sie merken, dass Sie in einer schlechteren Position sind, treten Sie den Rückzug an. Signalisieren Sie, dass Sie missverstanden worden sind und es so nicht gemeint haben. Doch Vorsicht: Ihr Rückzug darf nicht bedeuten, dass Sie automatisch die Vorstellungen Ihres Konfliktgegners übernehmen. Werfen Sie nämlich Ihre eigene Position einfach über Bord, so ist der Gesichtsverlust beträchtlich. Klüger wäre es, auf eine aktive Auseinandersetzung zu verzichten und Kompromissbereitschaft zu signalisieren. Überdenken Sie Ihre Position und überlegen Sie, wie Sie sich mit Ihrem Anliegen zu einem späteren Zeitpunkt erfolgreich zurückmelden.

Anhand der folgenden Checkliste sollten Sie Ihr Verhandlungsgeschick noch einmal hinterfragen.

Checkliste: Wie erfolgreich verhandeln Sie?

Aspekte erfolgreicher Verhandlungen
1 Fragen zur Strategie und Taktik
Verfügen Sie über alle für den Verhandlungs-gegenstand relevanten Informationen?   ☐ Ja   ☐ Nein
Was ist Ihr optimales Verhandlungsziel? _____
Welche Argumente werden Sie in welcher Reihenfolge in die Verhandlung einbringen? _____
Bei welchen Punkten können Sie weich verhandeln (nachge-ben) und bei welchen werden Sie hart bleiben? _____
Kennen Sie den Standpunkt und die Argumente Ihres Verhandlungspartners?   ☐ Ja   ☐ Nein
2 Fragen zu den Beziehungsaspekten
Mit welchen emotionalen Reaktionen müssen Sie bei Ihrem Verhandlungspartner rechnen? _____
Mit welchen Argumenten können Sie Ihren Verhandlungspart-ner wieder auf die Sachebene zurückholen? _____
Welche besonderen Interessen hat Ihr Verhandlungspartner? _____

Kennen Sie besondere Schwachstellen
oder Sensibilitäten bei Ihrem Verhandlungspartner? ❏ Ja ❏ Nein

Wie ermöglichen Sie Ihrem Verhandlungspartner eine Rück-
zugsmöglichkeit?

_____

3 Regeln zur eigentlichen Verhandlungsführung

Gibt es eine Strategie wie Sie in der Verhandlung vorgehen
wollen?
Wenn ja, welche?

_____

Versuchen Sie ein möglichst breites Spektrum an Handlungsalternativen aufzubauen, bevor Sie eine Entscheidung treffen?
Wenn ja, welche Handlungsalternativen haben Sie?

_____

Betrachten Sie Ihren Verhandlungspartner als jemanden, der
zur Lösung eines gemeinsamen Problems beiträgt?
Wenn ja, warum betrachten Sie ihn nicht als Gegner?

_____

Wie reagieren Sie, wenn Ihr Verhandlungspartner nicht auf
Ihre Argumente eingeht?

_____

Treffen Sie eine Entscheidung

Sie haben bisher gesehen, dass es möglich ist, auf verschiedene Weise mit Konflikten umzugehen: Sie können kapitulieren und flüchten oder aber standhalten und sich einer Auseinandersetzung stellen. Sie können dies sofort oder auch später, alleine oder mit anderen zusammen tun. Immer aber sind Sie gezwungen, sich zwischen verschiedenen Möglichkeiten zu entscheiden.

Treffen Sie Ihre Entscheidung mit Bedacht. Unüberlegte oder vorschnelle, aber auch nicht getroffene Entscheidungen erhöhen nicht selten das Konfliktpotenzial.

Wollen Sie dies verhindern, so entscheiden Sie sich

- zum richtigen Zeitpunkt,
- auf der Grundlage ausreichender Informationen und
- im Hinblick auf das zu lösende Problem.

Erfolgreiche Entscheider greifen auf eine Mischung aus Erfahrungen und Gefühlen, Einsichten und Fachwissen zurück. Konkret bedeutet dies für Sie:

1 Vermeiden Sie spontane Entscheidungen. Nehmen Sie eine Auszeit. Dies schafft den notwendigen Abstand für eine nüchterne Analyse möglicher Konsequenzen.

2 Lassen Sie Ihre Gefühle nicht außer Acht – bedenken Sie aber, dass Stimmungen sich ändern können. Untermauern Sie Ihre Entscheidungen deshalb mit sachlichen Argumenten.

3 Lassen Sie sich nicht zu unüberlegten oder unnötigen Entscheidungen drängen – etwa weil ein anderer die Verantwortung auf Sie abwälzen möchte. Klären Sie deshalb, ob

— es überhaupt einer konkreten Entscheidung bedarf (eliminieren),

— nicht auch ein anderer die Entscheidung treffen kann (delegieren),

— die Entscheidung nicht auch zu einem späteren Termin getroffen werden kann (terminieren).

4 Sammeln Sie zur Entscheidungsfindung *alle* relevanten Informationen; nicht nur die, die Ihre eigene Auffassung bestätigen. Nur so vermeiden Sie aus persönlicher Betroffenheit resultierende Fehlentscheidungen.

5 Suchen Sie das informelle Gespräch, um so Reaktionen auf Ihre mögliche Entscheidung abschätzen zu können. Erörtern Sie diese mit vertrauten Kollegen. Lassen Sie sich die eigentliche Entscheidung dadurch aber nicht aus der Hand nehmen.

6 Viele Entscheidungen – etwa ein Arbeitsplatzwechsel – haben Konsequenzen für Ihr privates Umfeld. Binden Sie darum auch die Familie und enge Freunde in die Überlegungen mit ein.

Konflikten vorbeugen

Wo Informationen regelmäßig weitergegeben werden, Offenheit herrscht, Vertrauen das Ziel ist und
für alle die gleichen Spielregeln gelten, gibt es von
vornherein wenig Nährfutter für Konflikte.

taschenguide.de

Mischen Sie sich ein

Nur wer aus Erfahrungen lernt und sich bemüht vorauszuschauen, kann etwas dazu beitragen, Konflikte wirklich zu verhindern. Neben den arbeitsplatzbezogenen und betrieblichen Rahmenbedingungen liegt es vor allem an der Einstellung und dem Verhalten des einzelnen Mitarbeiters, ob Konflikten vorgebeugt, zumindest aber einer möglichen Eskalation entgegengewirkt wird.

Konflikte resultieren häufig daraus, dass Informationen nicht weitergegeben werden oder zu wenige oder nur schlechte Kommunikationsmöglichkeiten bestehen. Einem konfliktfreien Austausch von Informationen und Meinungen wird deshalb im Rahmen der meisten Unternehmens- und Führungsgrundsätze auch ein besonderer Stellenwert beigemessen.

Nur dann, wenn die Kommunikation am Arbeitsplatz als ehrlich, offen und vertrauensvoll empfunden wird, bieten sich Möglichkeiten, Auseinandersetzungen bereits im Vorfeld zu verhindern.

Konkret bedeutet dies für Sie:

- Informieren Sie sich – auch wenn es Zeit kostet!
- Beteiligen Sie sich an Diskussionen und Gesprächen – auch wenn es Mühe macht!
- Mischen Sie sich ein – auch wenn es Ihnen unangenehm ist!

Nutzen Sie Ihre Möglichkeiten zum Aufbau und zur Pflege vertrauensvoller Kommunikationsstrukturen. Auch wenn sich eine Politik der offenen Türen nicht überall realisieren lässt, so gilt der ungezwungene Smalltalk nach wie vor als wesentlicher Bestandteil einer lebendigen Kommunikationskultur. Kommunikation sollte nicht an Vorbedingungen geknüpft werden: Verschlossene Türen, auf Abschirmung bedachte Sekretärinnen und fehlende Sozialräume sind nicht geeignet, eine offene Atmosphäre zu schaffen.

Die folgenden Anregungen werden Ihnen helfen, die Möglichkeiten der Information und Kommunikation an Ihrem Arbeitsplatz und im Umgang mit Ihren Kollegen zu verbessern. Auf diese Weise lassen sich Probleme entschärfen und Konflikten kann vorgebeugt werden:

- Wenn Sie Leistungen und Verhaltensweisen kommentieren, tun Sie es nicht pauschal, sondern möglichst konkret.

- Erwarten Sie von Ihren Kollegen keine Vollkommenheit. Denken Sie daran: Auch Sie sind nicht immer in der gleichen Stimmung, auch Ihnen unterlaufen Fehler.

- Geben Sie – dort wo es angemessen erscheint – positive Rückmeldungen. Vermeiden Sie ungerechtfertigte oder verletzende Kritik.

- Fragen Sie Kollegen nach ihrer Arbeit, aber auch nach den damit verbundenen Problemen und erzielten Erfolgen.

- Lassen Sie vor Kunden und anderen Außenstehenden die Wertschätzung für Ihre Kollegen erkennen.

- Nehmen Sie sich Zeit für Gespräche und sorgen Sie dafür, dass nicht nur dienstliche, sondern auch private Probleme zur Sprache kommen können.

- Machen Sie keine Jagd auf Fehler. Suchen Sie vielmehr Möglichkeiten zur Bestätigung und Verstärkung Ihrer Kollegen.
- Kritisieren Sie niemals Abwesende.
- Freuen Sie sich über konstruktive Kritik und Verbesserungsvorschläge.

Fallstricke und Stolpersteine lauern überall

Nicht selten kommt der Versuch, eine reibungslose Information und Kommunikation zu etablieren, einem Hindernislauf gleich. Mit etwas Mühe lassen sich die meisten Hürden jedoch überwinden. So können Sie einigen typischen Problemen begegnen:

- **Problem**: Es besteht keine Notwendigkeit, miteinander zu reden.
  Vorschlag: Sorgen Sie dafür, dass die Arbeitsbedingungen und -aufgaben regelmäßig überprüft werden. Dies kann auch im Rahmen informeller Gespräche erfolgen. Fördern Sie das Nach-, aber auch Vordenken.

- **Problem**: Informationen werden nach dem Zufallsprinzip vergeben oder eingefordert.
  Vorschlag: Schlagen Sie regelmäßige Mitarbeiterbesprechungen (z. B. wöchentliche Dienstbesprechungen) vor. Dokumentieren Sie die erhaltenen Informationen. So können Sie auf Informationsdefizite nicht nur hinweisen, sondern diese auch begründen.

- **Problem**: Sie haben bei Klärungsbedarf keinen konkreten Ansprechpartner.
  Vorschlag: Klären Sie zunächst Ihre eigenen Zuständigkeiten, dann aber auch die Ihrer Vorgesetzten und Kollegen. Verlangen Sie in dringenden Fällen den direkten Zugang zum entscheidenden Ansprechpartner. Nutzen Sie zu diesem Zweck moderne Kommunikationsmittel wie E-Mail und Mobiltelefon.

- **Problem**: Informationen werden wahllos und ohne konkreten Adressaten oder Handlungsauftrag in Umlauf gebracht. Sie wissen nicht, was Sie mit diesen Informationen anfangen sollen.
  Vorschlag: Sorgen Sie dafür, dass die jeweiligen Informationen mit eindeutigen Handlungsaufforderungen versehen werden. Scheuen Sie sich nicht vor Rückfragen. Informationen von allgemeinem Interesse sollten in der Mitarbeiterzeitung oder am schwarzen Brett angeboten werden.

- **Problem**: Sie erhalten keine oder nur eine verspätete Rückmeldung.
  Vorschlag: Setzen Sie sich für eine regelmäßige Dienstbesprechung und für Supervision ein. Beide Zusammenkünfte tragen dazu bei, Arbeitsaufgaben zu reflektieren und Rückmeldung zu bekommen.

Beachten Sie die Spielregeln

Ein konfliktfreies Miteinander am Arbeitsplatz lässt sich nicht verordnen. Sie können sich jedoch für positive Rahmenbedingungen einsetzen, indem Sie engagiert für konkrete Spielregeln des täglichen Umgangs eintreten. Übernehmen Sie die Aufgabe eine solche Diskussion anzuregen und daran mitzu-wirken!

Für den Umgang mit Konflikten haben vor allem Führungs-grundsätze eine besondere Bedeutung. Sie machen klar, wel-ches Verhalten erwartet wird und was man konkret zu tun hat. Damit bieten Sie den Mitarbeitern eine wichtige Orien-tierungshilfe zur Ausrichtung des eigenen Verhaltens. Vorge-setzten zeigen sie, welches Führungsverhalten erwünscht ist.

Auf diese Weise werden die unterschiedlichen Vorstellungen über Führung und Konfliktregelung vereinheitlicht. Mitarbei-ter und Vorgesetzte können sich gegenseitig besser einschät-zen. Dies schafft Sicherheit und eine größere Stabilität der so-zialen Beziehungen am Arbeitsplatz.

Betriebsvereinbarungen schaffen Klarheit

Es gibt Probleme im Berufsalltag, die das Arbeitsklima ganz besonders belasten. Ob es nun um Alkoholprobleme, Auslän-derfeindlichkeit, Mobbing oder sexuelle Belästigung geht: Probleme dieser Art sollten verbindlich und vorbeugend gere-gelt sein. Immer mehr Unternehmen schließen deshalb Be-triebsvereinbarungen ab.

Die folgende Übersicht benennt die Kernpunkte einer Betriebs- oder Dienstvereinbarung am Beispiel von Mobbing.

Betriebsvereinbarung zum Konfliktfeld Mobbing

1 Geltungsbereich
 – Alle Beschäftigten sind einzubeziehen,
 – auch alle Führungskräfte und leitenden Angestellten.

2 Definition
 – Abgrenzung von Mobbing gegenüber alltäglichen Konflikten.
 – Als Psychoterror gelten An- und Übergriffe, die die Kommuni-
   kationsmöglichkeiten von Beschäftigten einschränken, ihre
   sozialen Beziehungen und ihr soziales Ansehen schädigen, die
   Qualität ihrer Berufs- und Arbeitssituation verschlechtern, die
   Gesundheit belasten und letztlich die Ausgrenzung und den
   Ausschluss des Angegriffenen aus dem Betrieb bezwecken.

3 Erklärung der Betriebspartner zur Ächtung von Mobbing – das
  Belästigungsverbot wird erlassen.
 – Arbeitgeber und Betriebs-/Personalrat erklären sich über ihre
   Ziele zur Konfliktlösung.
 – Die Ausübung von Psychoterror am Arbeitsplatz wird als Verlet-
   zung der Menschenwürde bezeichnet und als solche geächtet.
 – Mobbing-Handlungen (siehe Definition) gelten demgemäß als
   verbotene Belästigungen.

4 Informationsverpflichtung des Arbeitgebers gegenüber den
  Beschäftigten
 – Die Betriebsvereinbarung wird allen Beschäftigten ausgehän-
   digt.
 – Auf Betriebs-/Personalversammlungen wird über das Thema
   informiert.
 – Es werden weitere Informationsquellen und Literatur
   angeboten.
 – Das Thema Mobbing wird in den Katalog der betrieblichen
   Fort- und Weiterbildungsthemen aufgenommen.

5 Qualifizierung der Führungskräfte und Personalverantwortlichen
 – Seminare zum Thema „Konfliktmanagement" werden zur

Pflichtveranstaltung für alle Beschäftigten mit Vorgesetzten-funktion.
– Entsprechendes gilt für Betriebs- und Personalräte.
– Die Fähigkeit, Konflikte konstruktiv zu lösen, wird als wesentli-cher Bestandteil in Vorgesetztenbeurteilungen aufgenommen.

6 Beschwerderechte von Betroffenen
– Aufklärung über und Konkretisierung der bestehenden Be-schwerderechte nach dem Betriebsverfassungs- und Personal-vertretungsrecht.
– Wege und Abläufe des Beschwerderechts im Betrieb aufzeigen.

7 Interventionspflicht des Arbeitgebers
– Alle Führungskräfte des Betriebs sind verpflichtet, bei Mob-bing in ihrem Arbeitsbereich unverzüglich zu intervenieren.
– Die im Betrieb geltenden Regeln zur Beilegung von Konflikten sind anzuwenden.
– Gegebenenfalls ist die betriebliche Schlichtungsstelle (Neutra-le Clearingstelle) einzuschalten.

8 Sanktionen
– Hinweise zum Thema Störung des Betriebsfriedens.
– Wer wiederholt Beschäftigte des Betriebs belästigt, muss mit arbeitsrechtlichen Konsequenzen – bis hin zur Entlassung – rechnen.

9 Einrichtung einer neutralen Clearingstelle
– Besondere Qualifikation der Schlichtungsstelle festlegen.
– Aufgaben und Kompetenzen beschreiben.
– Neutralität sicherstellen.
– Alternativ können externe Berater zur Mediation herangezogen werden.

10 Schlussbestimmung
– Geltungsdauer
– Kündigungsfristen

Auf Ihren Start kommt es an

Haben Sie gerade den Arbeitsplatz gewechselt und mit einer neuen Tätigkeit begonnen, so betreten Sie eine Ihnen weitgehend unbekannte Welt. Zunächst müssen Sie sich mit einer fremden Unternehmenskultur arrangieren und sich an bestehende Arbeitsbedingungen sowie Beziehungsstrukturen gewöhnen. Um sich in dieser neuen Umgebung zurechtzufinden, ist es verständlich, wenn Sie nach Orientierung und Unterstützung suchen.

Es ist wichtig, dass Sie sich selbst um eine möglichst reibungslose Eingliederung kümmern. Dazu gehört neben einer fachbezogenen Einarbeitung auch die soziale Integration. Beide Aspekte sind gleichermaßen wichtig. Alle Mühen Ihrer Suche und Bewerbung wären umsonst, wenn Sie aufgrund eines missglückten Integrationsprozesses und anfänglicher Konflikte das neue Unternehmen schon nach kurzer Zeit wieder verließen. Der für eine erneute Stellensuche notwendige Aufwand wäre nicht zu rechtfertigen.

Doch auch wenn Sie darauf verzichten, ein weiteres Mal den Arbeitgeber zu wechseln, obwohl Sie über Ihre berufliche und soziale Einbindung enttäuscht sind, können sich folgenschwere Probleme einstellen. Vor allem dann, wenn Sie auf jegliches Engagement verzichten und Ihre Arbeit nur als Dienst nach Vorschrift absolvieren. Hat die innere Kündigung erst einmal stattgefunden, so führt dies über kurz oder lang zur Belastung der Arbeitsbeziehungen, ja das gesamte Betriebsklima kann darunter leiden.

Die Einstiegsphase in ein neues Unternehmen ist daher besonders wichtig, um zukünftige Konfliktsituationen zu vermeiden. In der Regel ist sie dann erfolgreich verlaufen, wenn Sie sich an Ihrem Arbeitsplatz wohl fühlen und mit Ablauf der Einarbeitungszeit in der Lage sind, Ihre Aufgaben eigenständig zu bewältigen. Dazu gehört, dass Sie mit Ihren Kollegen auf einer vertrauensvollen Basis zusammenarbeiten und auch gegenüber Ihrem Arbeitgeber die notwendige Loyalität aufbauen konnten. Damit sind die wichtigsten Voraussetzungen für eine umfassende Arbeitszufriedenheit und längerfristige Konfliktvermeidung erfüllt.

Lassen Sie sich von einem erfahrenen Kollegen einführen

In vielen Unternehmen erleichtern Patenschaftsysteme neuen Mitarbeitern den Start in ihre Berufstätigkeit. Die Idee einer solchen Partnerschaft auf Zeit sieht vor, jedem neuen Mitarbeiter einen erfahrenen Kollegen zur Seite zu stellen. Bei beruflichen Fragen und allen Problemen, die sich aus der neuen Arbeitssituation ergeben, ist er ein erster Ansprechpartner.

Wenden Sie sich an einen Paten oder einen anderen erfahrenen Kollegen, damit dieser Sie

- mit Ihrer Arbeitsumgebung (z. B. den räumlichen Gegebenheiten) bekannt macht,

- bei der Kontaktaufnahme zu Ihren Kollegen und weiteren Gesprächspartnern (z. B. bei Betriebs-/Personalrat, Gleichstellungs- und Sicherheitsbeauftragten) unterstützt,

- mit geschriebenen und ungeschriebenen Gesetzen des Unternehmens (z. B. Arbeitszeiten, Pausenregelungen, Sicherheitsvorschriften, Verschwiegenheitspflichten) vertraut macht,

- in Ihre Aufgaben einweist, Ihnen Sinn und Zweck Ihrer Tätigkeit erläutert und Sie über den Stellenwert Ihres Arbeitsbereichs im gesamten Unternehmen unterrichtet,

- durch fachliche Anleitung für Ihre Aufgaben qualifiziert,

- beim Erreichen von Arbeitszielen unterstützt,

- bei guten Leistungen lobt, bei Fehlleistungen aufbauend kritisiert,

- bei fachlichen wie auch persönlichen Problemen betreut.

Eine individuelle Betreuung dieser Art bedeutet für den jeweiligen Paten in der Regel Mehrarbeit. Sollten Sie selbst aufgrund Ihrer Erfahrung die Rolle eines Paten übernehmen, so sorgen Sie dafür, dass die Übernahme dieser Aufgabe zwischen den Kollegen wechselt und zeitlich befristet ist.

Sollte das Patenschaftsystem – aus welchen Gründen auch immer – in Ihrem Unternehmen noch unbekannt sein, so machen Sie mit einem entsprechenden Hinweis bei den verantwortlichen Entscheidungsträgern auf sich aufmerksam! Suchen Sie darüber hinaus Kontakt zu Ihren neuen Kollegen. Gehen Sie auf andere zu – auch wenn es anfangs schwer fällt.

Arbeiten Sie miteinander

Am besten kann man bei den Arbeitsbeziehungen ansetzen, um Konflikten vorzubeugen. Wie schnell kann eine partnerschaftliche Zusammenarbeit in einen Konflikt münden. Kaum jemand, der dies nicht schon einmal erlebt hätte. Es gibt deshalb zahlreiche Ansätze, um die innerbetriebliche Kooperation zu verbessern. Dies ist auch ein Grund dafür, weshalb Modelle der Gruppenarbeit mittlerweile vielerorts hierarchisch gegliederte Organisationsstrukturen ablösen.

Gruppen- und Teamarbeit sind durch folgende Merkmale gekennzeichnet:

- Sie bieten weitreichende Möglichkeiten der Selbstbestimmung. Die Abwicklung und Verteilung von Arbeitsaufgaben entscheiden Arbeitsgruppen in Eigenregie und ohne Anweisung von außen.

- Mitbestimmung wird groß geschrieben. Gemeinsame Aushandlungsprozesse (z. B. über die zukünftige Vorgehensweise) ersetzen bei Arbeitsgruppen die sonst übliche Vorgabe und Kontrolle durch Vorgesetzte.

- Die Kommunikation ist besonders intensiv. Alle Gruppenmitglieder haben untereinander direkten Kontakt und pflegen einen regen Erfahrungs- und Meinungsaustausch.

- Es entsteht ein starkes Zusammengehörigkeitsgefühl. Über die enge Zusammenarbeit hinaus entwickelt sich ein besonders motivierender Teamgeist (Wir-Gefühl).

- Synergieeffekte entstehen. Das Zusammenführen unterschiedlicher Ideen und Fähigkeiten führt zu einer Gruppenleistung, die größer ist als die Summe der Leistungen ihrer einzelnen Mitglieder.

- Arbeitsgruppen sind nicht nur bei der Durchführung konkreter Aufgaben (z. B. als Verkaufsteam) erfolgreich. In Form von kommunikativen Netzwerken (z. B. als Gesundheits- und Qualitätszirkel) haben sie auch einen entscheidenden Anteil an der Entwicklung problemspezifischer Lösungsstrategien.

All diese Besonderheiten von Gruppen- oder Teamarbeit fördern ein konfliktfreies Miteinander. Tragen Sie dazu bei, dass die Vorteile dieser Arbeitsweise auch in Ihrem Arbeitsumfeld anerkannt werden. So können Sie zu einer effektiven und konfliktfreien Zusammenarbeit mit Ihren Kollegen beitragen:

- Vermitteln Sie Ihren Kollegen die Idee teamorientierter Zusammenarbeit und thematisieren Sie mögliche Vor- und Nachteile.

- Stärken Sie die Bedeutung der Gruppen- und Teamarbeit gegenüber den altbekannten Arbeitsstrukturen.

- Helfen Sie mit, das Verständnis und die Rolle der einzelnen Teammitglieder innerhalb Ihrer Arbeitsgruppe zu klären.

- Tragen Sie zu einer Optimierung der Arbeitsorganisation, z. B. durch eine verbesserte Abstimmung von Einsatz- und Zeitplänen bei.

- Trainieren Sie den Abbau von sozialen Ängsten und Kommunikationsbarrieren innerhalb Ihrer Arbeitsgruppe.

- Überlegen Sie, wie der Informations- und Meinungsaustausch zwischen Ihnen und den anderen Teammitgliedern verbessert werden kann.

- Üben Sie gemeinsam mit Ihren Kollegen den konstruktiven Umgang mit arbeitsbedingten Problemen und entwickeln Sie Strategien zum Konfliktmanagement.

- Fördern Sie innerhalb Ihrer Arbeitsgruppe gemeinsame Wertvorstellungen und partnerschaftliches Verhalten.

- Unterlassen Sie es, sich an Intrigen oder Machtkämpfen zu beteiligen.

- Unterstützen Sie die Bereitschaft und Kompetenz der Teamkollegen, mit anderen Arbeitsgruppen des Unternehmens zu kooperieren.

Weitere Informationen zu diesem Thema finden Sie in den TaschenGuides „Teams führen" und „Projektmanagement".

Nehmen Sie Personalgespräche ernst

Eine der erfolgreichsten Möglichkeiten zur Vermeidung von Konflikten ist das Mitarbeitergespräch. Ziel einer solchen Vier-Augen-Kommunikation ist es, den Erfahrungs-, Informations- und Meinungsaustausch zu verbessern.

Mitarbeitergespräche können etwa zur Klärung des gemeinsamen Rollenverständnisses beitragen, Ängste, Missverständnisse und Vorbehalte aufdecken oder aber für eine Verbesserung der Arbeitsbedingungen sorgen. Vorgesetzte, die bei Problemen ihrer Mitarbeiter oder schon bei ersten Anzeichen für aufkommende Konflikte nicht das Gespräch suchen, vernachlässigen ihre Führungsaufgabe!

Ist ein Konflikt zentraler Gegenstand eines solchen Gesprächs, so sollte dieses einer mehrstufigen Dramaturgie folgen. Die folgende Übersicht benennt die wichtigsten Phasen beim Ablauf eines idealtypischen Konfliktgesprächs:

Ablauf eines Konfliktgesprächs

1. Phase	Das Gespräch sollte sachlich und ohne Vorhaltungen beginnen. Eine unangemessene Emotionalität in Form von Ärger oder voreiligen Bewertungen ist in jedem Falle zu vermeiden.
2. Phase	Der betroffene Mitarbeiter wird um eine Erklärung für sein Verhalten (z. B. die Weigerung dem Kollegen wichtige Informationen weiterzugeben) gebeten.
3. Phase	Die negativen Folgen – z. B. ineffizientes Arbeiten im Hinblick auf die gesamte Abteilung, auf die Kollegen und den Betroffenen selbst – werden thematisiert.
4. Phase	Die an den betroffenen Mitarbeiter und sein zukünftiges Verhalten gerichteten Erwartungen werden besprochen. Beide Gesprächsparteien unterzeichnen eine entsprechende Vereinbarung. Der Informations- und Meinungsaustausch sollte in der Folgezeit intensiviert werden.
5. Phase	Der Betroffene sollte bei Beendigung des Gesprächs erkennen, dass man nach wie vor auf seine Leistung setzt und die Vertrauensbasis für eine erfolgversprechende Zusammenarbeit auch weiterhin besteht.

Während Mitarbeitergespräche regelmäßig durchgeführt werden sollten, erfolgen Konfliktgespräche in der Regel nur bei konkretem Anlass.

■ Thematisieren Sie offensichtliche Probleme oder unerwünschtes Verhalten nur im Rahmen persönlicher Gespräche. Kritische Äußerungen im Beisein anderer Kollegen zerstören jegliche Vertrauensbasis! ■

Nutzen Sie Coaching und Supervision

Die Ursachen von Konflikten zu durchschauen und adäquate Lösungen zu finden, ist oft erst mit professioneller Hilfe möglich. In vielen Fällen lassen sich nur mit Unterstützung externer Fachleute Selbstbehauptungsstrategien erarbeiten und Verhaltensänderungen herbeiführen.

Beratungsangebote wie Coaching und Supervision finden daher mehr und mehr Akzeptanz. Beide Angebote helfen, die immer komplexer werdenden Arbeits- und Konfliktsituationen zu reflektieren und zu bewältigen. Während dies beim Coaching im diskreten Dialog eines Vier-Augen-Gesprächs erfolgt, findet Supervision im Kreis der Kollegen statt. Dadurch werden die Beziehungen zwischen den Mitarbeitern und Probleme, die sich aus ihnen ergeben, unter allen Beteiligten ausgehandelt.

Coaching und Supervision sollen die Handlungen der Konfliktparteien weder rechtfertigen noch kontrollieren. Angestrebt ist vielmehr, die Konfliktpartner in die Lage zu versetzen, ihre Probleme selbst erfolgreich in die Hand zu nehmen. Sie sollen unbewusste Handlungsstränge erkennen und lernen, schwierige zwischenmenschliche Beziehungen zu erörtern, Ursachen für bestehende Konflikte aufzudecken und entsprechende Lösungswege zu erarbeiten.

Nach einer ersten Kontaktaufnahme mit einem Coach oder Supervisor sollten Sie herausfinden, ob sie miteinander können. Erst wenn diese Grundvoraussetzung geklärt ist, macht eine Vereinbarung über Ziele, Vorgehensweise, Termine, die finanziellen Modalitäten sowie Kriterien für eine Beendigung der Zusammenarbeit Sinn. In gegenseitigem Interesse sollten Sie einen schriftlichen Vertrag vereinbaren.

Die eigentliche inhaltliche Arbeit beginnt mit einer Situationsanalyse, zu der neben einer genauen Problemdefinition auch die Beschreibung der persönlichen und gruppenbezogenen Rahmenbedingungen gehört. Manchmal können Sie auch gemeinsam Etappenziele formulieren und entsprechende Handlungsstrategien entwickeln. In intensiven Gesprächen werden Wünsche und Sehnsüchte aufgedeckt sowie Fähigkeiten des Selbstmanagements reflektiert, schwierige zwischenmenschliche Beziehungen erörtert und Konfliktlösungen im beruflichen wie im privaten Umfeld erarbeitet.

Literatur

Fisher, Roger/Brown, Scott, *Gute Beziehungen. Die Kunst der Konfliktvermeidung, Konfliktlösung und Kooperation*, Frankfurt/M. 1996.

Glasl, Friedrich, *Konfliktmanagement. Ein Handbuch für Führungskräfte und Berater,* Bern 1997

Hesse, Jürgen/Schrader, Hans-Christian, *Krieg im Büro. Konflikte am Arbeitsplatz und wie man sie löst,* Stuttgart 1995.

Leymann, Heinz, *Mobbing – Psychoterror am Arbeitsplatz und wie man sich dagegen wehren kann,* Reinbek 1993.

Watzlawick, Paul, *Anleitung zum Unglücklichsein,* München 1995.

Zuschlag, Berndt/Tielke, Wolfgang, *Konfliktsituationen im Alltag. Ein Leitfaden für den Umgang mit Konflikten in Beruf und Familie,* Göttingen 1997.

Sich und andere zum Erfolg führen

Coaching

Immer mehr Unternehmen fördern
die Fähigkeiten und Potenziale ihrer
Mitarbeiter durch Coaching.
In diesem Buch finden Sie kompetente Antworten auf die Fragen:

- Was bedeutet Coaching für ein
  modernes Unternehmen?
- Wie setzt man dieses Führungs-
  instrument erfolgreich ein?
- Welche Vorteile bringt Coaching
  Vorgesetzten und Mitarbeitern?

Checklisten, Beispiele und
Zusammenfassungen machen das
Buch zum praktischen Ratgeber.

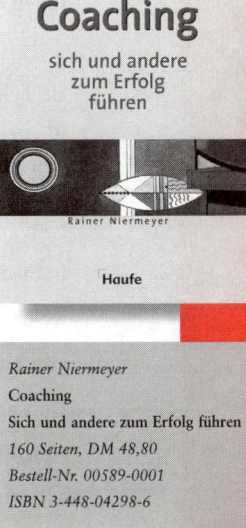

Rainer Niermeyer
Coaching
Sich und andere zum Erfolg führen
160 Seiten, DM 48,80
Bestell-Nr. 00589-0001
ISBN 3-448-04298-6

Diesen Ratgeber erhalten Sie in Ihrer Buchhandlung
oder direkt beim Verlag:
Haufe Mediengruppe, Fraunhofer Str. 5, 82152 Planegg
Tel.: 089/895 17-288, Fax: 089/895 17-250
Internet: http://haufe.de, E-Mail: bestellen@haufe.de